Freiheit auf Bewährung?

Die Auswirkungen der Globalisierung
auf die Universität

von

Claudius Werry

Tectum Verlag
Marburg 2005

Das Bild auf dem Cover zeigt einen Turm des Schlosses, in dem die Universität Mannheim untergebracht ist. Wegen Instandsetzung der Fassade umschließt ein Gerüst den Turm. Anlässlich der 13. Schillertage 2005 des Nationaltheater Mannheim (www.schillertage.de) haben die Veranstalter ihren Werbespruch „Vorsicht Freiheit" am Gerüst der Uni Mannheim angebracht. Die spannende Vielschichtigkeit dieses vom Autor aufgenommenen Fotos wird sich dem aufmerksamen Leser des vorliegenden Buches erschließen.

Werry, Claudius:
Freiheit auf Bewährung?
Die Auswirkungen der Globalisierung auf die Universität.
/ von Claudius Werry
- Marburg : Tectum Verlag, 2005
ISBN 978-3-8288-8906-4

Tectum Verlag
Marburg 2005

INHALT

ABBILDUNGSVERZEICHNIS

TABELLENVERZEICHNIS

1. EINLEITUNG

Die Universität war schon immer in der Krise – und doch hat diese sehr alte Institution all diese Krisen überlebt. Helmut Schelsky bestätigt dies für Deutschland und sieht darin einen Trost angesichts der politischen Diskussion um die damalige Krise der Universität (vgl. Schelsky ²1971: 29). In der heutigen Zeit kann dies ebenfalls angesichts der anhaltenden aktuellen hochschulpolitischen Krisendiskursen ein Trost sein. Ein derart getrösteter Mitgestalter der Hochschulpolitik sollte sich jedoch nicht nur auf die historisch bewiesene Standfestigkeit der Alma Mater verlassen. Nur mit Hilfe streitbarer Aus- und Mitgestalter konnte sich die Universität den Angriffen vielfältiger Anspruchsgruppen während ihrer langen Geschichte erfolgreich erwehren. Jürgen Mittelstraß, Konstanzer Wissenschaftsphilosoph, adressiert folgende Mahnung an die heutigen im Politikfeld Hochschule beteiligten Personen und Akteure:

> Die Universität wird die Prüfung des Zeitgeistes überstehen, indem sie zeitgemäß wird, wo ein begründeter Modernisierungsbedarf zu decken, ein offenkundiger Modernisierungsrückstand aufzuholen ist, und unzeitgemäß bleiben, wo es gilt, dem Zeitgeist Paroli zu bieten (Mittelstraß 1994: 28).

Bedingt durch das Selbstverständnis der Universität, ein wichtiger Teil der sie umgebenden Kultur und zugleich deren Mitgestalter zu sein, waren es vornehmlich gesellschaftliche Umbrüche, die auch zu einer Krise der Universität führten. Robert Birnbaum und Frank Shushok Jr. beschreiben die Krisengeschichte der U.S.-amerikanischen Universität und kommen zu dem gleichen Ergebnis: „Higher education is integrated into the social, political, and economic fabric of American society, and so it should come as no surprise that many claims of academic crisis are linked to dramatic historic events" (Birnbaum & Shushok Jr. ⁹2001: 61). Als Beispiele für solche 'dramatic historic events' nennen sie die 'Great Depression', den Zweiten Weltkrieg, den Kalten Krieg, den Krieg in Vietnam und die in den 1980er Jahren prophezeite demographische Veränderung, welche zu einem Rückgang der Immatrikulationen führen sollte. Mit dem Beginn des Phänomens der Massenuniversität in den 1970er Jahren verschärfte sich die Krise in

Bezug auf Finanzierungsfragen sowohl in den U.S.A., in Deutschland als auch in vielen anderen europäischen Ländern.

Die in den geistes-, kultur- und sozialwissenschaftlichen Disziplinen aktuell diskutierte gesellschaftliche Veränderung geht mit der Globalisierung einher. Die Frage ist nun, wie sich dieses aktuelle Phänomen auf die Universität auswirkt. In der vorliegenden Arbeit soll somit der Objektbereich Universität unter der Perspektive von Globalisierungsprozessen untersucht werden.

In der Einleitung zu ihrem Buch „Universität ohne Zukunft?" (2004) beschreiben die Autoren Dorothee Kimmich und Alexander Thumfart die Schwierigkeit, die Themenfelder Globalisierung und Hochschulpolitik zusammen zu untersuchen:

> Nun wäre es vermessen, die vielfältigen, kontroversen und mittlerweile kaum noch recht zu überschauenden Debatten um die komplexen Prozesse ökonomischer, technologischer, politischer und kultureller Globalisierung oder »Glokalisierung« auch noch mit den Auseinandersetzungen um mögliche Umstrukturierungen von Wissensinstituten und Wissensordnungen zu verkoppeln (Kimmich & Thumfart 2004: 13).

In Anerkennung dieser Mahnung soll für die folgende Arbeit ein roter Faden durch diese beiden komplexen Themengebiete gelegt werden, mit dem, ohne in institutionelle oder rechtliche Rahmenbedingungen ins Tiefste einsteigen zu müssen, lediglich eine Tendenz auf globaler Ebene abzulesen sein soll. In dieser Arbeit werden die beiden Länder U.S.A. und Deutschland zwar im Vordergrund stehen, wobei jedoch nicht eine rein bilaterale Beschreibung der Auswirkungen der Globalisierungsprozesse auf die Universität gemeint sein soll. Weitere europäische Länder sowie Kanada werden auch in die Betrachtung mit einbezogen, um eine globale Tendenz zu unterstreichen. Dabei sei angemerkt, dass diese Länder lediglich westliche Industrienationen repräsentieren, was eine Einschränkung der globalen Perspektive mit sich bringt.

Die Grundidee für den abstrakt angelegten roten Faden findet sich in Masao Miyoshis Aufsatz „'Globalization', Culture, and the University" (1998). Hier verknüpft er, wenn auch noch recht vage, die Auswirkung der ‚Transnational Corporations' auf die Ausgestaltungsmöglichkeiten von Nationalstaaten mit der Universität und beklagt, dass sich der wissenschaftliche Verstand eher einer ökonomischen denn einer wissenschaftlichen Zielrichtung verpflichtet fühlen muss. Bei der weiteren Recherche fand sich in der Einleitung zu Curries Buch „Globalization Practices and University Responses" ([10]2003) der Anker für den roten Faden im folgenden Zitat: „Operating universities like businesses changes their essence" (Tudiver zitiert in Currie [10]2003: 13). Die Globalisierung scheint somit Einfluss auf die Essenz der Universität zu nehmen. Da in diesem Zitat die Bestimmung der Essenz der Universität sehr vage bleibt, ist es somit nötig, die Essenz der Universität als Ausgangspunkt für die weiteren Betrachtungen in der vorliegenden Arbeit genau herauszuarbeiten.

Kapitel 2 widmet sich dieser Zielstellung. Über die Darstellung der Akademie Platons, der Bildungsphilosophie der Aufklärung und den neuhumanistischen Bildungsidealen Humboldts wird auf eine Destillation der universitären Essenz abgezielt. Diese findet sich im Prinzip der akademischen Freiheit als Grundlage aller Wissenschaften und aller Wissenschaftsinstitutionen.

Um auszuschließen, dass diese Essenz nur in Deutschland relevant ist, wird in Kapitel 3 auf den Einfluss der Humboldtschen Bildungsideale auf das U.S.-amerikanische Hochschulsystem eingegangen. Es zeigt sich, dass auch dort die akademische Freiheit im Zentrum der Bildungsphilosophie liegt, wenn auch in soziokulturell angepasster Form. Gerade in Anbetracht der in Deutschland geführten Diskussion, das U.S.-amerikanische Hochschulsystem als Vorbild für die Reform des deutschen Systems zu nehmen, wird auch auf die Unterschiedlichkeit der beiden Systeme eingegangen. Darüber hinaus zeigt sich in den Ausführungen zur ‚Academic Freedom', dass die in Kapitel 4 beschriebenen Einflüsse der Globalisierungsprozesse auf die Universität in den U.S.A. schon zu Beginn des 20. Jahrhunderts spürbar waren. Das U.S.-amerikanische Hochschulsystem kann somit als Vorreiter bei der Auseinandersetzung mit den Prozessen der Globalisierung angesehen werden.

Kapitel 4 befasst sich nun mit den Auswirkungen der Globalisierungsprozesse auf die Universität. Nach einer kurzen Begriffsbestimmung mit Ulrich Teusch (2004) und Ulrich Beck ([3]1997) wird auf das mit der Globalisierung angestoßene Phänomen des ‚Decline of the Nation-State' eingegangen. Die diesbezüglichen Ausführungen beinhalten die Grundlage aller weiteren Denkansätze für die Auswirkungen der Globalisierungsprozesse auf die Universität und bereiten den Weg für die Vorstellung von Bill Readings ([2]1997) ‚University of Excellence'. Die mit der Globalisierung einhergehende Komplexitätserweiterung im Politikfeld Hochschule wird darauf folgend anhand dreier Modelle der Komplexität dargestellt, in denen sich der ‚Akteur' ‚Markt' als dominierender Steuerungsfaktor herausstellt. Den Abschluss dieses Kapitels bildet ein Rückgriff auf eine von Currie ([10]2003) durchgeführte Studie, in der drei europäische Länder und die U.S.A. in Betracht genommen werden. Diese deskriptive Studie verdeutlicht nicht nur, dass die Tendenz in den meisten europäischen Ländern hin zum ‚Markt' als Steuerungsfaktor zeigt, sondern erlaubt darüber hinaus, die Elemente einer marktorientierten Steuerung der Universität herauszustellen.

Kapitel 5 schließt den Bogen zum zweiten Kapitel, in dem die Auswirkungen der Globalisierungsprozesse auf die Essenz der Universität beschrieben werden. Die in Kapitel 2 herausgearbeitete Essenz, die akademische Freiheit, erscheint durch die Dominanz des ‚Akteurs' ‚Markt' in den Universitäten gefährdet, da sich die akademischen Aktivitäten im Zuge eines globalen Hochschulwettbewerbs an den Bedarfsmustern der externen Wirtschaft sowie der internen Wirtschaftlichkeit zu orientieren scheinen. Ob dies, mit den Worten Mittelstraß', einem begründeten Modernisierungsbedarf oder einem Zeitgeist, dem man Paroli bieten sollte, entspricht, soll in den Schlussbemerkungen (Kapitel 6) diskutiert werden.

2. DIE ESSENZ DER UNIVERSITÄT

Essenz [lat. Essentia »Wesen«], 1) Philosophie: als Wesen 1) das Sosein im Gegensatz zum Dasein oder der → Existenz, 2) der art-notwendige Wesenbestand im Gegensatz zu dessen wechselnden Erscheinungsformen, wie sie sich in den verschiedenen geschichtlichen Epochen oder Individuen ausprägen (Brockhaus [17]1968: 728).

Die Ausarbeitung der Essenz der Universität soll, wie schon in der Einleitung angesprochen, den Ausgangspunkt für die vorliegende Arbeit bilden. In Übereinstimmung mit der oben genannten Definition von ‚Essenz‛ sollen in der folgenden Darstellung eben nicht die ‚wechselnden Erscheinungsformen‛ in den Vordergrund gerückt werden, allein der ‚artnotwendige Wesenbestand‛ der Universität steht zur Untersuchung.

Im aktuellen publizistischen Diskurs scheint der Name Wilhelm v. Humboldt untrennbar mit solch einer Leitidee oder Essenz verbunden zu sein – und immer wieder wird über „Humboldts Totengräber" (Spiewack 2003a) im Zuge der Hochschulpolitik diskutiert. „Ist Humboldt tot?" fragt auch Peter Glotz als Überschrift seines zweiten Kapitels und beantwortet diese Frage prompt: „Natürlich, Wilhelm von Humboldt ist tot, seit 1835. Und selbstverständlich sind auch seine Reformideen, mit denen er 1809 das heruntergekommene deutsche Universitätssystem hochriss, in der Originalfassung nicht mehr praktizierbar" (Glotz 1996: 65).

Obwohl Humboldts Bildungsideale als Erscheinungsform vielleicht nie wirklich praktizierbar waren, hatten und haben sie für die Universität als Hort des Wissen*schaffens* eine immense Bedeutung, wie der Wissenschaftsphilosoph Jürgen Mittelstraß vortrefflich in Bezugnahme auf Humboldt und die diesen umgebende Gruppe deutscher Idealisten konstatiert:

[E]s scheint das Schicksal der Universitäten zu sein, zwischen ihrer Theorie, die ihrem Ursprung und ihrem Wesen nach eine idealistische, nämlich in der Philosophie des Deutschen Idealismus begründete ist, und ihrer Inanspruchnahme als Lehranstalt im üblichen Ausbildungssinne hin- und hergezerrt zu werden. In diesem Sinne plädiere ich aber auch dafür, dass sie ihrem (idealistischen) Wesen nahe bleibt. Denn entweder hat die Universität eine Theorie und diese ist idealistisch, oder es gibt keine Universität (Mittelstraß 1994: 20/21).

Die nicht nur von Jürgen Mittelstraß ins Zentrum der Universitätsidee gerückten deutschen Idealisten Fichte, Schleiermacher und Steffens entwickelten in Auseinandersetzung mit Kants Schriften zur Aufklärung und unter dem Eindruck der französischen Revolution eine Bildungsphilosophie des Neuhumanismus, welche mit der Gründung der Berliner *Friedrich-Wilhelm-Universität* 1810 fortan mit dem Namen Humboldt überschrieben wurde, da er in der Funktion des preußischen Leiters des Kultus- und Unterrichtswesen (er wurde 1809 in das Innenministerium berufen) diese Neugründung maßgeblich gestaltete (vgl. Brockhaus [17]1969: 735/736). Im Hinblick auf die grundlegenden Strukturen bzw. den ,artnotwendigen Wesenbestand' bietet gerade diese idealistische Theorie eine profunde Ausgangsbasis für die Formulierung der universitären Essenz, auch weil in ihr die vorangehenden Theorien der Aufklärung und der Akademie Platons vereint zu sein scheinen. Darüber hinaus bildet sie, wie in Kapitel 3 gezeigt wird, eine essentielle Basis für ein weltweites Erfolgsmodell der Universität, welches insbesondere in den Vereinigten Staaten von Amerika die Formierung des Hochschulsektors mit beeinflusst hat.

2.1 DIE VORGESCHICHTE DER HUMBOLDTSCHEN UNIVERSITÄTSIDEALE

„Die Akademie Platons darf als ein Vorbild der Gruppe um Humboldt nicht übersehen werden" (Röhrs 1995: 19). Im Zentrum dieser Akademie Platons stand der Kreis der Philosophierenden. „Das Ziel ist das Ringen um wirkliches Wissen [...], das auf Vernunft gegründet zur Einsicht führt [...]. Dieses Erfragen der Gründe, das zur Wahrheit führt, ist nach Platon das eigentliche Ziel der Wissenschaft" (Röhrs 1995: 19). Indem er sich dem Pragmatismus der Sophisten entgegenstellt, die zu einseitig auf unmittelbare Wirksamkeit bedacht waren, baut Platon sein ganzes Erziehungssystem auf den grundlegenden Begriff der Wahrheit auf, auf die Eroberung der Wahrheit durch die rationale Wissenschaft.

Das ‚Wissen des Guten' ist sein Leitbild von universaler Bedeutung. „Welches Gebiet menschlicher Tätigkeit auch immer angestrebt wird, es gibt immer nur eine gültige hohe Kultur: jene, die auf die Wahrheit Anspruch erhebt, auf den Besitz der wahren Wissenschaft" (Marrou 1957: 102). Mit seinem Höhlengleichnis im 7. Buch des ‚Staates' verkündet Platon die befreiende Macht des Wissens; der „Aufstieg aus der Höhle ist der Aufstieg der Seele zu dem Raum, in dem als erster Gegenstand die Idee des Guten zu erschauen ist" (Stenzel 1928: 291). Wissenschaft stellt somit eine Lebenseinstellung dar, die auf Wahrheitserkenntnis gerichtet ist. „Dieses ‚Wissen des Guten', das auch die Verantwortung für das Gemeinwesen einbezieht, kennzeichnet auch die klassische Universitätsidee, wie sie von Fichte, Humboldt, Schleiermacher vertreten wird" (Röhrs 1995: 19).

Knapp vierzig Jahre (387-348) lang hatte Platon diese ‚Wissenschaftliche Erziehung' den in der Akademie versammelten Schülern verkündet (vgl. Marrou 1957: 103). Diese Gemeinschaft bedurfte jedoch weniger einer administrativen Struktur durch die Akademie als des „rechtlichen Schutzes zur Wahrung des freien Dialogs" (Röhrs 1995: 19). In diesem Schutz zur Wahrung des freien Dialogs spiegelt sich der Humboldtsche Gedanke bezüglich der relativen Autonomie der Universität und der Freiheit von Forschung und Lehre wider, der im weiteren Verlauf noch auszuführen sein wird.

Auch die Einheit von Forschung und Lehre scheint ihre Wurzeln in Platons Konzept des „wissenschaftlichen Dialogs in voller Wechselseitigkeit" (Röhrs 1995: 19) zu finden – der Lehrende bedarf des Schülers als Mitsuchender, um der Wahrheit näher zu kommen. Platons „dialektische Methode ist das gerade Gegenteil einer passiven Belehrung" (Marrou 1957: 103).

Die Aufklärung übte primär an dem mittelalterlichen[1] scholastischen Anspruch der Universalität harte Kritik. „Die Unverbindlichkeit des Vielwissens solle durch ein begründetes Spezialwissen abgelöst werden, das ein fachlich begrenztes Studium in Fachhochschulen voraussetzt" (Röhrs 1995: 16). Die Vermittlung eines profunden Fachwissens zum Nutzen der Gesellschaft, also die Berufserziehung und die praxisbetonte Spezialisierung der Ausbildung, wurde somit die neue Zielsetzung.

Institutionell verdichtete sich diese Zielsetzung in der Gründung von zur speziellen Berufsausbildung gedachten Akademien und einer zunehmenden Verschulung der bestehenden Universitäten. Im Zeitraum von 1770-1800 entstanden in Berlin die ersten Spezialschulen, die diesem Anspruch der Aufklärung Rechnung trugen: Die Bergakademie (1770), die Tierarzneischule (1790), die Pepinière für Militärärzte (1795), die Akademie der Künste (1796), die Bauakademie (1799) und das Ackerbauinstitut von Thaer in Mögelin (1800). Besonders von Seiten der einflussreichen philanthropistischen Pädagogen wurde seit etwa 1760 sogar die Forderung nach einer allgemeinen Auflösung der Universitäten erhoben, wie Schelsky ausführlich nachweist (vgl. Schelsky ²1971: 32ff).

Auch wurde die Erfindung des Buchdrucks als gewichtiges Argument der Aufklärung für ein weitgehendes Selbststudium eingeführt, da sich mit Hilfe der Bücher der Lernende mit philosophischen Reflexionen und Fragestellungen außerhalb einer Akademie oder Universität beschäftigen könne. Gegen dieses Argument, die Universität sei durch die Buchdruckerkunst überholt, wenden sich insbesondere die Denkschriften von Fichte und Schleiermacher, in denen dieser Gedanke ausführlich widerlegt wird (vgl. Schelsky ²1971: 26).

---

[1] In Übereinstimmung mit Röhrs wird das Mittelalter in der Beschreibung der Vorgeschichte der Universitätsideale ausgeklammert, da sich in dieser Zeit keine Neuerungen für die ideelle Vorgeschichte ergeben. Es sei wenigstens darauf hingewiesen, dass im Mittelalter die ersten Universitäten entstanden: Die Universitäten Bologna, Paris und Oxford entstanden um 1200 (vgl. Weber 2002: 16ff).

Helmut Schelsky weist ausdrücklich darauf hin, dass die Universität jedoch in ihrer langen Geschichte keineswegs die einzige institutionelle Form der Wissenschaft war.

> Die Geschichte der reinen Gelehrsamkeit und Wissenschaft könnte sogar als eine Geschichte der Opposition zur Universität geschrieben werden: Schon die platonischen Akademien der Renaissance sind als Auswanderung der führenden Geister einer Zeit aus der Universität anzusehen, wie es dann in der Aufklärung wieder der Fall war. (Schelsky 21971: 29).

In der Tatsache, dass die Universität als Institution der Wissenschaft dennoch überlebt hat, sieht Schelsky ein auch für die heutige Diskussion ermutigendes Element[2] und eine Bestätigung des institutionellen Gewichts, welches die Universität in der Tradition unserer Gesellschaft besaß und besitzt:

> Selbst ein Jahrhundert der Misswirtschaft, ein über Generationen dauerndes Versagen vor der eigentlichen Wissensidee des Zeitalters, ein Versagen in der Selbstverwaltung und Selbstdisziplinierung von Professorenschaft und Studentenschaft, wie es im 18. Jahrhundert vorlag, haben die Universität als Institution nicht auslöschen können (Schelsky 21971: 29).

Am Ausgang des 18. Jahrhunderts war jedoch die Gefahr der Auflösung der Universität als Institution so groß wie nie zuvor in der Geschichte. Die utilitaristische Auffassung der Aufklärung von Bildung bedrohte insbesondere das Grundprinzip der Universität überhaupt, dem „Erkennenwollen um seiner selbst willen" (Schelsky 21971: 30). Die Betonung der Berufserziehung spiegelte damals die Erziehungsansprüche der beginnenden bürgerlichen Gesellschaft wider, wobei die Wurzeln für den Rationalismus und Utilitarismus nach Schelsky in der Verweltlichung des Staatslebens seit der Renaissance und die Abkehr von der Kirche vor allem in Fragen der Bildung zu sehen sind (vgl. Schelsky 21971: 30). „In dem Bestreben, die alte ‚gelehrte' Bildung durch die neuen ‚Geschäftswissenschaften' [...] auch auf den Universitäten in den

---

[2] Helmut Schelsky sieht die Krise der Universität historisch als deren Normalzustand, ohne dass dies am „dauerhaften Bestand der Institution als solcher rüttelt. Auch dies dürfte ein aktueller Trost sein" (Schelsky 21971: 29).

Hintergrund zu drängen, ist der Zugriff dieses Denkens auf der Ebene der Hochschulen zu sehen" (Schelsky ²1971: 31).

Vor diesem Hintergrund meldeten sich philosophisch gelehrte Männer zu Wort, die in Denkschriften eine radikale Erneuerung oder Neuschaffung der Universität forderten und vorwiegend der Denkrichtung des deutschen Idealismus und Neuhumanismus[3] zuzuzählen sind. Friedrich Schiller wendet sich als Repräsentant des deutschen Idealismus erstmals in seiner Antrittsrede „Was heißt und zu welchem Ende studiert man Universalgeschichte" 1789 an der Universität Jena gegen die Entwicklung der Aufklärung zum Nützlichkeitsstreben und unterscheidet zwischen den „Brotgelehrten" und dem „philosophischen Kopf". Diese Unterscheidung und die damit einhergehende Priorisierung der Philosophie nimmt auch Friedrich W. J. Schelling in seinen „Vorlesung[en] über die Methode des akademischen Studiums" (1802-1803) in Jena auf, indem er vor dem „Brotstudium" eingehend warnt und die Bedeutung von philosophischer Beschäftigung mit dem allgemein Abstrakten hervorhebt (vgl. Schelsky ²1971: 32f und Röhrs 1995: 16).

Das eigentliche Ziel der aufkommenden Diskussion war die klare Abgrenzung der universitären Studien von der berufsspezifisch-utilitaristischen Argumentationsweise der Aufklärung. Helmut Schelsky weist hier der idealistisch-neuhumanistischen Denkweise „gegen die Wissensauffassung und Philosophie und damit natürlich auch gegen die daraus abgeleitete Erziehungstendenz der Aufklärung" die Rolle der „Retterin der Universität" zu (vgl. Schelsky ²1971: 30).

Das beruflich-gesellschaftliche Ziel wird jedoch in der idealistisch-neuhumanistischen Denkweise nicht völlig aus den Augen verloren,

---

[3] Als Neuhumanismus bezeichnet man jene am Übergang vom 18. zum 19. Jahrhundert sich verdichtende Bewegung, welche, die Begeisterung für die klassische Antike mit den Grundgedanken der zeitgenössischen Philosophie verbindend, ein Menschenbild entwirft, dessen Zweck die Bildung des Individuums ist. Hauptvertreter sind J.J. Winkelmann, J.W. v. Goethe, F. Schiller, F. Hölderlin, F. Schlegel und W. v. Humboldt (vgl. Mittelstraß 1995: 138).

sondern erscheint in neuer Gestalt über das neuhumanistische Konzept der Persönlichkeitsbildung. Berufliche Qualifikation und staatsbürgerliche Verantwortung entstehen als „sicheres Nebenergebnis der Humanisierung, einer geistigen Auseinandersetzung mit fachlichen Inhalten in philosophischer Betrachtung" (Röhrs 1995: 17).

2.2 HUMBOLDTSCHE BILDUNGSIDEALE

Die bereits angedeuteten Ideale der Humboldtschen Universitätsidee sollen nun im Folgenden einzeln herausgearbeitet werden, wobei auch die geistigen Väter der einzelnen Komponenten jeweils gewürdigt werden. Wilhelm v. Humboldts Schrift „Über die innere und äußere Organisation der höheren wissenschaftlichen Anstalten in Berlin" (1810) bildet dabei die wichtigste Grundlage. Die Vordenker Schleiermacher, Schelling, Fichte und Steffens werden an gegebenen Stellen mit in die Betrachtung einbezogen, jedoch soll auf die Analyse der einzelnen Positionen sowie auf einen Vergleich dieser verzichtet werden. Humboldts ‚Zusammenfassung' soll gerade wegen ihres wegweisendes Charakters als ‚Gesamtpaket' behandelt werden, aus dem eine universitäre Essenz herauszulesen sein wird. Es soll noch einmal darauf hingewiesen sein, dass die im Folgenden erläuterten Bildungsideen idealisierte Vorstellungen der neuhumanistischen Philosophie sind und schon zu ihrer Hochzeit ‚nur' Ideale waren, die in der wissenschaftlichen Praxis eher selten zu finden waren. Im Hinblick auf die Ausarbeitung einer universitären Essenz als Ziel dieses Kapitels sollen dementsprechend die Bildungsideen auch als Ideale dargestellt werden.

Knapp zusammengefasst beschreibt dieses Paket oder Modell der Universität eine Institution, in der sich Lehrende und Lernende als gleichberechtigte Forscher in Einheit von Forschung und Lehre zusammenfinden, um in Einsamkeit und Freiheit der reinen Wissenschaft nachzuspüren und durch diesen Prozess sittliche und geistige Vervollkommnung zu erfahren.

2.2.1 EINHEIT VON FORSCHUNG UND LEHRE

Die berühmte Formel ‚Einheit von Forschung und Lehre' fasst das Verhältnis von Forschung und Lehre in der Humboldtschen Universitätskonzeption zusammen. Die Formel wurde im Wortlaut nicht von Humboldt selbst geprägt, sondern wurde von ihm folgenden Gelehrten schon früh zur Beschreibung seiner Vorstellung verwendet, dass Wissenschaft als Einheit von Forschung und Lehre zu sehen ist.

Wissenschaft manifestiert sich bei Humboldt als offener, wollender Suchprozess, wobei das ‚wahre' Wissen letztlich nicht zu erreichen sein kann, so dass mit dem Begriff Wissenschaft immer der Prozess des Forschens gemeint ist.

> Es ist ferner eine Eigentümlichkeit der höheren wissenschaftlichen Anstalten, dass sie die Wissenschaft immer als ein noch nicht ganz aufgelöstes Problem behandeln und daher immer im Forschen bleiben, da die Schule es nur mit fertigen und abgemachten Kenntnissen zu tun hat und lernt (Humboldt 1810: 377).

Die Begriffe Forschung und Wissenschaft verschmelzen, Wissenschaft wird als Forschung definiert. Humboldt sieht die so verstandene Wissenschaft, d. h. die Forschung, als innere Leitidee der Universität an, die es zu institutionalisieren gilt:

> Dies vorausgeschickt, sieht man leicht, dass bei der inneren Organisation der höheren wissenschaftlichen Anstalten Alles darauf beruht, das Prinzip zu erhalten, die Wissenschaft als etwas noch nicht ganz Gefundenes und nie ganz Aufzufindendes zu betrachten, und unablässig sie als solche zu suchen (Humboldt 1810: 379).

Zur Unterstützung der Forschung gesellt sich an der Universität die Lehre als „Hilfsmittel" (Humboldt 1810: 383) hinzu, welches nach Humboldt erst neue Erkenntnisse und erfolgreiche Forschung ermöglicht:

> Der erstere [Lehrer] ist nicht für die letzteren [Schüler], Beide sind für die Wissenschaft da; sein Geschäft hängt mit an ihrer Gegenwart und würde, ohne sie, nicht gleich glücklich von Statten gehen; er würde, wenn sie sich nicht von selbst um ihn versammelten, sie aufsuchen, um seinem Ziele näher zu kommen durch die Verbindung der geübten, aber

eben darum auch leichter einseitigen und schon weniger lebhaften Kraft mit der schwächeren und noch parteilos nach aller Richtungen mutig hinstrebend (Humboldt 1810: 378).

Der sokratische Dialog, wie er schon in Platons Akademie praktiziert wurde, steht wohl auch bei Humboldt im Zentrum der ‚Methodik der Wahrheitssuche' – die weniger geübten Schüler vermögen dem geübten Lehrer neue Impulse zu geben und bewahren ihn davor, sich auf seine eingeübte Denkhaltung zu versteifen. Solch eine versteifte Sichtweise würde bedeuten, dass die Wahrheit nicht mehr im Zentrum der wissenschaftlichen Bemühung stünde, sondern nur die Verteidigung einer subjektiv für wahr gehaltenen Sichtweise.

Friedrich Schleiermacher spricht in seiner Schrift „Gelegentliche Gedanken über Universitäten im deutschen Sinne" bereits 1809 über die Dialektik der ergänzenden Einheit von Forschung und Lehre und stellt die Vorlesung, neben dem Seminar und der Disputation, als wichtiges, produktiv verbindendes Element heraus:

> Der Lehrer muss alles, was er sagt, vor den Zuhörern entstehen lassen; er muss nicht erzählen, was er weiß, sondern sein eigenes Erkennen, die Tat selbst, reproduzieren, damit sie beständig nicht etwa nur Kenntnisse sammeln, sondern die Tätigkeit der Vernunft im Hervorbringen der Erkenntnis unmittelbar anschauen und anschauend nachbilden. Der Hauptsitz dieser Kunst des Vortrags ist freilich die Philosophie, das eigentlich Spekulative; aber alles Lehren auf der Universität soll ja auch hievon durchdrungen sein, also ist doch dies überall die eigentliche Kunst des Universitätslehrers (Schleiermacher 1809: 252).

Zu neuen Erkenntnissen gelangt der Wissenschaftler durch das ‚Ausprobieren' seiner Erkenntnisse an Lernenden, ob im Rahmen einer Vorlesung oder eines Seminars. Schleiermacher ist davon überzeugt, dass „keinem wahren Meister der Wissenschaft" eine „Wiederholung möglich [...] [sei], ohne dass eine neue Kombination ihn belebt, eine neue Entdeckung ihn an sich zieht" (Schleiermacher 1809: 253). Humboldt greift Schleiermachers Gedanken auf und konstatiert, Wissenschaft ließe sich „als Wissenschaft nicht wahrhaft vortragen, ohne sie jedesmal wieder selbsttätig aufzufassen, und es wäre unbegreiflich, wenn man nicht hier, sogar oft, auf Entdeckungen stoßen sollte" (Humboldt 1810: 383).

2.2.2   Bildung durch Wissenschaft

Humboldt betrachtet die Versittlichung des Menschen als das oberste Erziehungs- und Bildungsziel, welches seiner Meinung nach mit Hilfe der Wissenschaft erreicht werden kann. Schelsky sieht in diesem heutzutage als antiquiert-naiv erscheinenden Begriff ,Versittlichung' eine „normative Grundeinstellung des Lebens, [...] eine idealistische Imprägnierung des menschlichen Charakters" (Schelsky [2]1971: 63). Schelsky betont weiter, dass diese ,normative Grundeinstellung des Lebens' nach der Überzeugung der Neuhumanisten und der idealistischen Philosophie „allein durch geistige Selbsttätigkeit des Menschen erworben, nur in Form einer intellektuellen Selbsterziehung des Menschen erreicht" werden kann (Schelsky [2]1971: 64).

Bei Steffens heißt es dazu fast schon kategorisch: „Universitäten sind also Schulen der Selbstbildung" (Steffens 1809: 352). Diese Selbstbildung vollzieht sich durch die Hingabe an die reine Wissenschaft. Schelsky weist richtigerweise darauf hin, dass die Formel ,Reinheit der Wissenschaft' eine „fundamentale Bedeutung hat", da in diesem Begriff die „Ablehnung der auf das praktische Leben bezogenen, angewandten und damit spezialisierten Wissenschaft" einhergeht (Schelsky [2]1971: 65). Die Abkehr von den Bedürfnisanforderungen der Wirklichkeit hatte schon Kant mit der Formel ,die Umkehr der Triebfedern' als Grundlage für die Versittlichung der Menschen gelehrt (vgl. Schelsky [2]1971: 65).

Mit dieser Forderung geht eine Priorisierung der Philosophie einher, da gerade in dieser aus kritischer Reflexion entstehenden wissenschaftlichen Disziplin die reine „Gedankenbewegung des sich besinnenden Individuums" (Schelsky [2]1971: 66) gefordert ist. Die Philosophie hat somit die Aufgabe der Sinnsynthese, „ reflektierende Kritik und Synthese des als sinnvoll Gewussten sind also ihre funktionalen Kennzeichen" (Schelsky [2]1971: 66). Damit verwirklichte Humboldt ein Anliegen Kants, der in seiner Spätschrift „Der Streit der Fakultäten" (1798) den drei auf Nützlichkeit bedachten Fakultäten (aus dem Mittelalter überliefert waren dies die Fakultäten Theologie, Jurisprudenz und Medizin) die

Philosophie als Hort der Beschäftigung mit der Wahrheit ohne Rücksichtnahme auf praktische Verwertung übergeordnet hatte (vgl. Lundgreen 1999: 148).

Die Trennung der universitären Aufgabe ‚Bildung durch Wissenschaft' von einer Berufsausbildung der akademischen Berufe zu Gunsten der Selbstbildung durch philosophische Sinnsynthese erscheint als Axiom der Wissenschaftsauffassung und der auf sie gegründeten ‚philosophischen Universität' (vgl. Schelsky ²1971: 70). Fichte bezeichnet die Universität als „eine Schule der Kunst des wissenschaftlichen Verstandesgebrauches" (Fichte 1817: 131), in der die Lernenden aber auch die Fähigkeit ausprägen, „ins Unendliche fort nach Belieben leicht und sicher alles andere zu lernen; und es entstehen Künstler im Lernen" (Fichte 1817: 131). In Sinnsynthese geschult und der selbsttätigen Erkenntnissuche sicher, ist ihnen somit auch der „praktische Kunstgebrauch der Wissenschaft im Leben" (Fichte 1817: 131) möglich.

Hier beginnt der Brückenschlag von der ‚reinen Wissenschaft' zur staatspolitischen Relevanz des universitären Studiums. Sowohl Fichte als auch Humboldt versichern, dass die neu zu errichtende Universität dem „Staate erst die rechten Staatsdiener heranbilden würde" (Schelsky ²1971: 70). Humboldt beschreibt die Verbindung wie folgt:

> Die Universität nämlich steht immer in enger Beziehung auf das praktische Leben und die Bedürfnisse des Staates, da sie sich immer praktischen Geschäften für ihn, der Leitung der Jugend, unterzieht (Humboldt 1810: 384).

Über den Weg der Versittlichung durch die Wissenschaft, also durch die indirekte Erziehung der Lernenden über den Weg der Einsicht in das ‚Wissen des Guten', gelingt der Beitrag der Universität für den Staat, die Nation, die Kultur.

An dieser Stelle muss auf eine genaue Beschreibung von Staat eingegangen werden, und zwar jene, die am Scheidepunkt zur idealistischen Bildungsphilosophie vorherrschte. Schelsky weist darauf hin, dass die „Trennung von Staat und ‚bürgerlicher

Gesellschaft' [...] im Wollen der aufklärerischen Regierungspolitik noch nicht vorgesehen [war]" (Schelsky ²1971: 103). Der Staat des 18. Jahrhunderts war nicht nur Herrschaft, Obrigkeit und deren Verwaltungsorganisation, sondern gleichzeitig „Repräsentant der Gesellschaft als eines funktionierenden und sich entwickelnden Sozial- und Wirtschaftskörpers" (Schelsky ²1971: 102). Ist also von ‚staatspolitischer Relevanz' der ‚Bildung durch Wissenschaft' die Rede, wird auch eine gesellschaftliche und kulturelle Relevanz mitgemeint.

Das Prinzip, die Wissenschaft als „etwas noch nicht ganz Gefundenes und nie ganz Aufzufindendes" (Humboldt 1810: 379) zu betrachten, ist auch für den so definierten Staat ein Fundament:

> Sobald man aufhört, eigentlich Wissenschaft zu suchen, oder sich einbildet, sie brauche nicht aus der Tiefe des Geistes geschaffen, sondern könne durch Sammeln extensiv aneinandergereiht werden, so ist Alles unwiederbringlich und auf ewig verloren; verloren für die Wissenschaft [...] und verloren für den Staat. Denn nur die Wissenschaft, die aus dem Inneren stammt und ins Innere gepflanzt werden kann, bildet auch den Charakter um, und dem Staat ist es ebenso wenig als der Menschheit um Wissen und Reden, sondern um Charakter und Handeln zu tun (Humboldt 1810: 379).

Schelsky fasst diesen Brückenschlag als „soziale Legitimierung dieser Art Universitätsbildung" zusammen, da durch die teleologische Verbindung von absolutem Wissen und Staatszwecken der Endzweck des Menschen und des Staates über die Universitätsbildung gleichzeitig erfüllt ist (vgl. Schelsky ²1971: 72).

2.2.3   EINSAMKEIT UND FREIHEIT

Im Einklang mit Fichte stellt Humboldt für das Gelingen der wissenschaftlichen Prozesse das Postulat der sozialen Einsamkeit und geistiger Freiheit auf. Um diese Pole kreisen sowohl die selbstständige, stets einsame Forschung und dadurch bewirkte Selbstbildung des einzelnen als auch das inspirierende Zusammenwirken der Gesamtheit der Lehrenden und Lernenden.

Wenn Humboldt Wissenschaft als ,etwas noch nicht ganz Gefundenes und nie ganz Aufzufindendes' (vgl. Kap. 2.2.1) betrachtet, so setzt dies dem Wesen nach die freie Suche an einem freien Ort voraus. Daraus folgen die Lernfreiheit des Studenten, die volle Lehr- und Lernfreiheit des Professors und die Autonomie der Universität. Humboldt formuliert dies in seinem ,Litauischen Schulplan' wie folgt:

> Der Universität ist vorbehalten, was nur der Mensch durch und in sich finden kann, die Einsicht in die reine Wissenschaft. Zu diesem Selbst-Actus im eigentlichsten Verstand ist notwendig Freiheit, und hilfreich Einsamkeit, und aus diesen beiden Punkten fließt zugleich die ganze äußere Organisation der Universitäten (vgl. Schelsky [2]1971: 56)

In den Ausführungen zur ,Einsamkeit und Freiheit' wird die soziale Voraussetzung für die Humboldtschen Bildungsvorstellungen deutlich, sie bildet die Grundlage für das Gelingen der philosophischen Ideenerkenntnis im Rahmen der idealistischen Bildungsideen ,Einheit von Forschung und Lehre' sowie ,Bildung durch Wissenschaft'. Auf die ,hilfreiche' Einsamkeit soll hier nicht weiter eingegangen werden (vgl. zur Diskussion von ,Einsamkeit' Schelsky [2]1971: 90ff), die ,notwendige' Freiheit soll dagegen näher betrachtet werden.

Mit der zweifaltigen Freiheit, der Lehr- und Lernfreiheit, geht der Gedanke der Gleichrangigkeit von Professoren und Studenten einher. Wie schon in den Ausführungen zur Einheit von Forschung und Lehre angeführt, ist die Lehrveranstaltung als Hilfsmittel für die wissenschaftliche Erkenntnis der Professoren zu erklären. Für Humboldt war Forschung Muße und Einsamkeit des Individuums, nicht organisierter Forschungsbetrieb. Lehre war „ausdrücklich das aus der ,Einsamkeit und Freiheit' von Professoren und Studenten gefolgerte ,ungezwungene und absichtslose Zusammenwirken', nicht Studienpläne, Klausurenschreiben und Dauerprüfungen" (Schlesky [2]1971: 76).
Die Einheit von Forschung und Lehre beruht daher auf der vorausgesetzten Lernfreiheit des Studenten. Die Lernfreiheit des Professors dagegen beschreibt den freien Dienst an der Wissenschaft, in dem er auf der Suche nach der ,wahren' Erkenntnis frei ist, in alle Richtungen zu denken. Mit Lehrfreiheit ist nun die

Freiheit des Professors gemeint, die in Lernfreiheit gewonnenen Erkenntnisse an den Studenten auszuprobieren, welche wiederum bedingt durch deren Lernfreiheit das Recht und die Pflicht haben, diese in Frage zu stellen, um im sokratischen Dialog mit dem Geübten dem ‚Wissen des Guten' ein Stück näher zu kommen (vgl. Schelsky ²1971: 74ff).

Bei einer Auseinandersetzung mit dem Konzept der Freiheit stellt sich immer die Frage, welche Einflüsse zu einer Unfreiheit führen könnten, also die Frage, vor welchen freiheitsberaubenden Einflüssen die freie Suche nach dem ‚Wissen des Guten' geschützt werden muss. Die die Universität umschließenden Sphären des Staates und der Gesellschaft stehen hierbei für die Neuhumanisten und Idealisten im Vordergrund.

Im vorangehenden Kapitel wurde bereits kurz darauf hingewiesen, dass der Staat des 18. Jahrhunderts zugleich Repräsentant der Gesellschaft war, eine Trennung von Staat und Gesellschaft existierte im Denken der Philosophie der Aufklärung noch nicht. In den Ausführungen zur Vorgeschichte der humboldtschen Bildungsideale (Kapitel 2.1) wurde des Weiteren schon angesprochen, dass sich die Philosophie der deutschen Idealisten und Neuhumanisten gegen die utilitaristische Auffassung der Aufklärung von Bildung wandte. Hierzu Schelsky:

> Humboldt und die anderen Universitätsdenker haben niemals die Freiheit der Universität vom Staat als Herrschaft und Obrigkeit, etwa zugunsten der Selbstverwaltung der Universität, gefordert, sondern sie sind den pragmatischen, auf nützliche Berufsausbildung ausgehenden Forderungen der bürgerlichen Gesellschaft entgegengetreten, mit denen sich damals der aufklärerische Staat in seiner Hochschulpolitik identifizierte (Schelsky ²1971: 103).

Es kam Humboldt und die ihn inspirierenden und umgebenden Universitätsdenker darauf an, die aufklärerische Kulturpolitik des staatlichen Utilitarismus in eine idealistische Kulturpolitik umzustimmen, die die Autonomie der Wissenschaft und Bildung anerkennt und diese um ihrer selbst willen fördert und organisiert. Dem Staat wurde ein „kategorischer bildungspolitischer Imperativ auferlegt: Handle so, dass du die Institutionen der Bildung jederzeit

als Zweck, niemals bloß als Mittel gebrauchst" (Schelsky ²1971: 104).
Nach Schelsky ist „dieser kulturstaatliche Appell, die Aufforderung
an den Staat, die Autonomie und Zweckfreiheit der Bildung gegen
die Interessen der Gesellschaft durchzusetzen" in allen
Universitätsdenkschriften der neuhumanistischen und
idealistischen Bildungsphilosophen nachzuweisen (vgl. Schelsky
²1971: 105).

Es war die Leistung des philosophischen Idealismus, jene
Auffassung durchzusetzen, die zur Unterscheidung zwischen Staat
und ‚bürgerlicher Gesellschaft' führte und somit den Staat von der
unmittelbaren Vertretung der bürgerlichen Interessen entlastet.
„Erst der Staat als ‚das Allgemeine', der die Vertretung der
‚besonderen' Interessen von sich abgestoßen hat, gewinnt damit
soziologisch gesehen den Hauptwesenszug der ‚Herrschaft' [...]"
(Schelsky ²1971: 103). Eine Ausrichtung des Staates an ‚absoluten
Zwecken', an Ideen, und nicht an partikularen Interessen, gelang
erst mit den Idealisten und Neuhumanisten:

> [...] [W]enn von *Hegel* über *Karl Marx* bis zu *Max Weber* und vielen
> gegenwärtigen Soziologen der Staat wesentlich als Herrschaftsgebilde
> begriffen wird, so steht die Auffassung auf dem Boden eines Denkens
> und einer Wirklichkeit, die von den Idealisten, praktisch nicht zu letzt in
> ihrer Hochschulpolitik, geschaffen worden sind. Erst dieser Staat des
> ‚allgemeinen Interesses', der Staat der Idealisten, tritt dann auch der
> Universität primär als Herrschaft gegenüber (Schelsky ²1971: 103).

Somit wurde die deutsche Universität gegen die Ansprüche der
bürgerlichen Gesellschaft (vormals mit dem Staat gleichgesetzt)
durchgesetzt, indem die Idealisten und Neuhumanisten den Staat
als Vertreter der allgemeinen Interessen aus der Gesellschaft
ausgliederten und ihm als Kulturstaat die Grundüberzeugung, die
Idee, unterstellten, es müsse ihm auf Bildung und dem dafür
notwendigen Vorhandensein frei denkender Menschen ankommen.

Unfreiheit drohte aus Sicht der Bildungsphilosophen von der
Gesellschaft, nicht von einem als Herrschaftsgebilde gedachten
Staat. Erst als der Staat in seiner Hochschulpolitik vom Standpunkt
der idealistischen Staatsauffassung her handelte (welche durch die
klassische deutsche Universitätsgründung erst mit geschaffen

wurde), trat er auch der Universität als Herrschaft gegenüber und bildete für die geistige und institutionelle Autonomie der Universität eine neue Gefahr.

Mit diesem ‚neuen' Aspekt hat sich allein Humboldt genauer beschäftigt, alle anderen Bildungsphilosophen haben laut Schelsky in „fast naiver Weise" das Verhältnis von Staat und Universität vom „Selbstbewusstsein der Universität her gedacht". Humboldt dagegen hat sich, vielleicht auch wegen der ihm auferlegten Perspektive des preußischen Leiters des Kultus- und Unterrichtswesen, mit den Prinzipien einer kulturstaatlichen Hochschulpolitik „vom Staat her gedacht" beschäftigt (vgl. Schelsky ²1971: 109).

Humboldts Grundsätze der staatlichen Hochschulpolitik sind in der schon zitierten Denkschrift „Über die innere und äußere Organisation der höheren wissenschaftlichen Anstalten in Berlin" (1810) dargestellt.

> Was man aber höhere wissenschaftliche Anstalt nennt, ist, von aller Form im Staate losgemacht, nichts Anderes als das geistige Leben der Menschen, die äußere Muße oder inneres Streben zur Wissenschaft und Forschung hinführt. [...] Diesem Bilde muss auch der Staat treu bleiben, wenn er das in sich unbestimmte und gewissermaßen zufällige Wirken in eine festere Form zusammenfassen will. Er muss dahin sehen, 1. die Tätigkeit immer in der regsten und stärksten Lebendigkeit zu erhalten (Humboldt 1810: 378).

Er fordert somit vom Staat, am Leitbild der Autonomie der Wissenschaft ständig festzuhalten. Er spricht dem Staat aber auch die Pflicht zu, das „unbestimmte und [...] zufällige Wirken" des Geistes zu institutionalisieren. Er überträgt dem Staat somit die Verantwortung für den Erhalt echter Wissenschaftlichkeit. Darüber hinaus

> [...] muss [er] sich eben immer bewusst bleiben, dass er nicht eigentlich dies bewirkt noch bewirken kann, ja, dass er vielmehr immer hinderlich ist, sobald er sich hineinmischt, dass die Sache an sich ohne ihn unendlich besser gehen würde, und dass es sich eigentlich nur so damit verhält, dass, da es nun einmal in der positiven Gesellschaft äußere Formen und Mittel für jedes irgend ausgebreitete Wirken geben muss, er

die Pflicht hat, diese auch für die Bearbeitung der Wissenschaft herbeizuschaffen (Humboldt 1810: 378).

Im Bewusstsein, dass staatliches Einmischen immer für die Ausübung der freien Wissenschaft hinderlich ist, und in Anerkennung, dass ein Kulturstaat Regelungen braucht, soll der Staat der Universität einen institutionellen Rahmen geben, welcher der Wissenschaft maximale Freiheit einräumen soll. Das sich ergebende und zu lösende strukturelle Dilemma staatlicher Hochschulpolitik „ist für ihn die Grundforderung an den in kulturstaatlicher Verantwortung handelnden Hochschulpolitiker" (Schelsky [2]1971: 111).

Dabei sieht Humboldt zwei Richtungen des Abgleitens der Universitätspolitik des Staates. Zum Einen ist dies die Öffnung gegenüber pragmatischen Nützlichkeitsbestrebungen der aufklärerischen Berufsausbildung, zum anderen die Anmaßung des Staates, die Bildungsziele der Universitäten von sich aus entscheiden zu wollen, also den ‚Erziehungsstaat' schaffen zu wollen (vgl. Schelsky [2]1971: 111). Der Kulturstaat, dem die freie Suche nach dem ‚Wissen des Guten' in den Anstalten der höheren Bildung ein Anliegen sein muss, soll diese Autonomie gegenüber gesellschaftlicher Ansprüche an Nützlichkeitsbestrebungen verteidigen, aber auch gegen eine mögliche staatliche Tendenz, die Universitäten mehr als Zweck denn als Mittel zu betrachten.

2.3 AKADEMISCHE FREIHEIT ALS ESSENZ DER UNIVERSITÄT

Der ‚artnotwendige Wesenbestand' der Universität, deren Essenz, scheint sich darin zu konstituieren, dass, allgemein gesagt, die Wissenschaft als Suche nach der Wahrheit in einer solchen Institution ungehindert vollzogen werden kann. Mit Humboldt wird der Grundsatz der Akademie Platons, also der sokratische Dialog, im Schlagwort ‚Einheit von Forschung und Lehre' zusammengefasst. Nur durch das Aufeinandertreffen von Lehrenden und Lernenden ist das Schaffen von neuem Wissen überhaupt möglich – und als zentraler Bestandteil der Wissenschaft, als Forschung verstanden, unabdingbar. Diese eher idealistische Voraussetzung bedarf einer soziologischen Basis, die der Forschende und der Lehrende an der Universität durch die ‚Freiheit der Forschung und Lehre' sowohl von weltlichen Zwängen als auch von geistigen Vor-Urteilen geboten bekommen. In diesem durch Ideale geprägten Milieu reifen sowohl der Lehrende als auch der Lernende zu vernunftbegabten und entscheidungsfähigen Menschen heran, die mit Hilfe der ‚Bildung durch Wissenschaft' allen Anforderungen in ihrer Lebenswelt gewachsen sind. Die idealistischen Ansätze dieser dreifaltigen Essenz der Universität werden durch ihren ontologischen Status immer hinterfragbar bleiben, die soziologische Basis des Umfeldes jedoch, also die Freiheit, scheint unumstößliche Essenz der Wissenschaft an der Universität zu sein.

In Humboldts Ausführungen zum Verhältnis von Universität und Staat wird deutlich, wie zentral die Autonomie der Wissenschaft für das Gelingen der Suche nach der ‚Wahrheit des Guten' ist. Der essentielle Charakter dieses Freiheitsprinzip wird noch dadurch unterstrichen, dass schon in der Akademie Platons der rechtliche Schutz zur Wahrung des freien Dialogs ein Thema war. Im Mittelalter, im Jahre 1231, wurde in Paris erstmals der Begriff ‚libertas scolastica' (vgl. Verger 2001: 17) geprägt, was die Epochen überdauernde Relevanz des Prinzips der akademischen Freiheit hervor hebt.

In Deutschland ist das Prinzip der akademischen Freiheit im Grundgesetz (Artikel 5, Absatz 3) verankert. Darüber hinaus zeigt sich, dass dieses Prinzip in allen Ländern der Welt für die Universität anerkannt ist (dies soll im folgenden Kapitel für die Vereinigten Staaten von Amerika genauer herausgearbeitet werden). Eine weltweite Bestätigung des Prinzips der akademischen Freiheit zeigt ihre Anerkennung durch die wohl wichtigste supranationale Organisation, die UNO. Im Jahre 1950 formulierten Universitätsvertreter in Nizza drei Prinzipien, die für jede höhere Bildungsanstalt Gültigkeit haben sollen: (1) Recht, Wissen um seiner selbst zu erwerben und die Wahrheit zu erforschen, wohin dies auch immer führe; (2) Toleranz gegenüber unterschiedlichen Meinungen und Schutz vor politischer Einmischung; (3) Verpflichtung als gesellschaftliche Institution, die Prinzipien von Freiheit und Gerechtigkeit, menschlicher Würde und Solidarität durch Lehre und Forschung zu fördern.

Im Jahre 1997 verabschiedete die Generalkonferenz der UNESCO eine Empfehlung zum Status der Lehrkräfte an Hochschulen, in der festgehalten wurde, dass das Prinzip der akademischen Freiheit strengstens befolgt werden sollte. Auch bei der Weltkonferenz über Höhere Bildung (1998) wurde die akademische Freiheit sowie die Autonomie der Universitäten als grundlegende und unveränderliche Voraussetzungen für die Erfüllung des Auftrages der Universität bestätigt. Die potentielle Gefährdungslage dieses weltweit gültigen Prinzips zeigt die aktuellste Maßnahme der UNESCO. Sie veranlasste im Juni 2001 die Formierung des ‚Netzwerks für Bildung und Akademische Rechte‘ mit dem Ziel, Verletzungen der akademischen Rechte mehr ins Zentrum der Aufmerksamkeit zu rücken (vgl. UNESCO-Kurier 11/2001: 18).

3. EINMAL AMERIKA – UND ZURÜCK?

Der Heidelberger Professor und Honorarprofessor an der Universität Mannheim Hermann Röhrs, der den Einfluss der klassischen deutschen Universitätsidee auf die American Higher Education analysiert, erachtet diesen als einen „geistesgeschichtlich hoch interessanten Prozess", an dessen „historischem Exempel [sich] die übernationale Wirksamkeit einer Idee und [ein] wechselseitiger kultureller Erfahrungsaustausch" sehr gut zeigen lässt – Hugh Hawkins formuliert dies als „major example of cross-cultural borrowing between modern societies" (vgl. Röhrs 1995: 33). Setzt man den Beginn der Globalisierung mit der Entdeckung Amerikas durch Columbus fest, so fällt dieses ‚cross-cultural borrowing‘ der zweiten Hälfte des 19. Jahrhunderts in eine schon fortgeschrittene globalisierte Welt. Jurgen Herbst beschreibt in der Einleitung seines Buches mit dem aussagekräftigen Titel „The German Historical School in American Scholarship. A Study in the

Transfer of Culture" den Austausch als Übertragung des deutschen Modells auf das amerikanische Hochschulsystem. Das deutsche Modell wurde seiner Meinung nach als Blaupause benutzt:

> It was from blueprints drawn after the German academic pattern, transported across the ocean by these scholars and many of their compatriots, that the ground was prepared for a successful reorganization of American institutions of higher education (Herbst 1965: x).

In Anbetracht der neueren Erkenntnisse der Globalisierungsforschung aus kulturwissenschaftlicher Perspektive wissen wir aber, dass ein Übernehmen von anderen Systemen und Werten immer auch ein geistiges Verstehen und kulturelles Einarbeiten mit beinhaltet. Dementsprechend wendet sich Carl Diehl gegen Herbsts Einschätzung – er hebt den lernenden und einarbeitenden Charakter der Transformation des amerikanischen Hochschulsystems unter dem Einfluss der klassischen deutschen Universitätsidee hervor:

> Americans could not and most did not wish, merely to copy the German forms and institutions. They learned from the Germans, but often with great deal of difficulty, and rarely, in any case, what the Germans taught at any moment (Diehl zitiert in Röhrs 1995: 33).

3.1 HUMBOLDTSCHE IDEALE IN AMERIKA

Hermann Röhrs identifiziert mehrere Persönlichkeiten, die er als Pioniergruppe der transatlantischen Austauschbeziehung zusammenfasst. Sie alle hatten als Studenten in Harvard einschlägige Erfahrungen an der Universität Göttingen gemacht und dort die Bildungsideale der deutschen Neuhumanisten und Idealisten spüren können. Tief von dieser Erfahrung bewegt, setzten sie vieles daran, das amerikanische Bildungssystem zu reformieren. Zwei seien hier exemplarisch genannt.

George Ticknor (1791-1871) ging von 1815 bis 1819 nach Europa und verbrachte davon 20 Monate in Göttingen. Thomas Jefferson, mit dem Ticknor eine freundschaftliche Beziehung verband, stellte brieflich wiederholt Fragen zur deutschen Universität, um

Anregungen für die Planung der Universität Charlotteville in Virginia zu erhalten – Ticknors Blick für das deutsche Bildungsideal wurde dadurch beträchtlich geschärft. So hatte er beispielsweise mit dem in Deutschland gereiften Gedanken einer Förderung der freien Fächerwahl (Lernfreiheit) auf Jeffersons Universitätskonzept eingewirkt (vgl. Röhrs 1995: 82). Neben seinen Studien machte Ticknor mit bedeutenden Repräsentanten des deutschen Geisteslebens Bekanntschaft, darunter Goethe, Schlegel und Wilhelm v. Humboldt. Sein Hauptaugenmerk galt der Idee der akademischen Freiheit, deren „kritische Transformation auf die amerikanischen Universitäten ihm vorschwebte" (vgl. Röhrs 1995: 43).

Ein Wegbegleiter Ticknors war Edward Everett (1794-1865), der zusammen mit ihm 1815 nach Göttingen übersiedelte. Auch er lernte Goethe kennen und widmete sich als Literaturwissenschaftler einer Besprechung von Goethes Autobiographie, die er im ‚North American Review' 1817 veröffentlichte. 1819 nach Harvard zurückgekehrt, verpflichtete er sich dem Ziel der „Erschließung der deutschen Kultur für die geistige Welt Amerikas" (Röhrs 1995: 44) sowohl hinsichtlich der Universitätsstruktur als auch der klassischen Studien. Sein zentrales Ziel war die „Liberalisierung der Universität" (Röhrs 1995: 44). Wie Ticknor bedachte Everett Jeffersons Plan der Gestaltung einer Universität in Charlottesville (Virginia) mit kritischen Kommentaren. Während seiner Administrationsperiode als Präsident von Harvard reformierte Everett diese Universität nach „europäischem Vorbild" (Röhrs 1995: 45).

Hermann Röhrs beschreibt für seine Analyse noch weitere Persönlichkeiten, die unterschiedliche Erfahrungen an unterschiedlichen Universitäten Deutschlands in verschieden Fachrichtungen machten, darunter natürlich auch in den Naturwissenschaften. Besonders Ticknor und Everett waren fasziniert von den idealistischen Ideen in Verbindung mit den klassischen Wissenschaften Alt-Philologie und Philosophie. Jedoch hatten sie gehörige Probleme bei der Priorisierung dieser Studien angesichts einer fortschreitenden Einführung der Fachwissenschaften und einer zunehmenden Kritik der akademischen Öffentlichkeit an den klassischen Studien (vgl. Röhrs 1995: 62).

Was jedoch von Ticknor, Everett und den etwa 9000 Studierenden (vgl. Röhrs 1995: 59 und Hofstadter [6]1969: 367), die im Laufe des 19. Jahrhunderts deutsche Universitäten kennen lernten, mitgebracht wurde, sind an den Humboldtschen Bildungsidealen angelehnte Prinzipien. Röhrs nennt sie „methodische Gründlichkeit (methodological thoroughness)", „Priorität der Forschung (research imperative)" und „wissenschaftlicher Fragewille (scientific inquiry)", bzw. „Ethos des Forschers (ethos of scholarship)". Diese Prinzipien fasst er thematisch als „Vorlesung und Seminar als akademische Institution", „wissenschaftliche Grundhaltung" und „Idee der akademischen Freiheit" zusammen. Nach Röhrs Meinung waren die amerikanischen Studenten in Deutschland von diesen Themengebieten besonders beeindruckt und versuchten, diese nach ihrer Rückkehr in ihrer Heimat zur Geltung zu bringen (Röhrs 1995: 93).

Richard Hofstadter und Walter P. Metzger kommen zu einem ähnlichen Schluss und heben in ihrem Kapitel „The German Influence" in ihrem Buch „The Development of Academic Freedom in the United States" die Bedeutung der deutschen Bildungsideen „academic research" und der „Lern- und Lehrfreiheit" für die amerikanische Universität hervor (vgl. Hoftstadter [6]1969: 369). Dabei betonen sie, dass es hier zu keiner undifferenzierten Übernahme deutscher Bildungsideale kam:

> America took from German sources only that which fitted her needs, only that which was in harmony with her history. In a certain sense, the German academic influence, powerful as it was, reinforced rather than initiated native American tendencies toward change (Hofstadter [6]1969: 367).

Neugründungen bzw. Reorganisationen amerikanischer Universitäten im Geiste der neuhumanistischen Bildungsideale trugen maßgeblich dazu bei, die oben genannten Prinzipien in Amerika einzuführen. Röhrs nennt diesbezüglich die University of Michigan, die Johns Hopkins University und die Cornell University.

Zehn Jahre nach Gründung der University of Michigan, im Jahre 1852, wurde Henry Phillip Tappan zu ihrem Präsidenten ernannt. Bedingt durch seine vom amerikanischen Calvinismus und Platonismus geprägte Weltanschauung, fühlte er sich dem Postulat der Freiheit der Person verpflichtet, ein fruchtbarer Boden für neuhumanistische Bildungsideale. Tappan wollte nach deutschem Vorbild die Forschung in das Zentrum der Universität rücken und gründete das erste ‚graduate program' in den USA (vgl. Röhrs 1995: 74). Andrew White, von Tappan zum Professor der Geschichte ernannt, bestätigt Tappans Vorliebe für die deutsche Universitätsidee: „First of all, he had much to say of the excellent models furnished by the great German universities, and especially by those of Prussia" (White in Hofstadter [2]1968b: 547).

Daniel C. Gilman, der 1855 Vorlesungen an der Friedrich Wilhelm Universität Berlin hörte, formulierte sein Universitätskonzept für die Johns Hopkins University, die er als erster Präsident 1876 mitbegründete, unter dem Einfluss der deutschen Universitätsidee. Stanley Hall bestätigt diesen Einfluss auf Gilmans Errichtung eines „Temple of Science": „He was never dismayed to be told that this ideal was ‚made in Germany'" (Hall in Hofstadter [2]1968b: 650). Gilman stand zwar selbstbewusst zu dem deutschen Einfluss auf sein "concept of scientific research" (Röhrs 1995: 77), lehnte aber eine bloße Nachahmung der deutschen Universität ab: "So we did not undertake to establish a German university, nor an English university, but an American university, based upon and applied to the existing institutions of this country" (Gilman in Hofstadter [2]1968b: 753).

Die 1869 eröffnete Cornell University war ebenso von der deutschen Universitätsidee inspiriert. Der wissenschaftliche Gründungsvater, Andrew D. White, besuchte Vorlesungen in Berlin und wurde als Professor für Geschichte unter Tappan an der University of Michigan von dessen Nähe zu den deutschen Bildungsideen weiter geprägt (vgl. Röhrs 1995: 81). In seiner Autobiographie beschreibt White die für sein Bild einer idealen Universität kräftigende Erfahrung in Deutschland:

My student life at Berlin, during the year following, further intensified my desire to do something for university education in the United States. There I saw my ideal of a university not only realized, but extended and glorified – with renowned professors, with ample lecturehalls, with everything possible in the way of illustrative materials, with laboratories, museums, and a concourse of youth from all parts of the world (White in Hofstadter [2]1968b: 551).

Richard Hofstadter und Walter P. Metzger nennen Cornell eine "Germanized graduate school" (Hofstadter [6]1969: 380) und betonen dabei den deutschen Einfluss. Gleichzeitig aber verweist dieses Zitat darauf, dass der Einfluss der neuhumanistischen Bildungsideale primär auf die Forschung in der Universität gerichtet war. Die Einsamkeit, Freiheit und Einheit von Forschung und Lehre fanden in den ‚graduate schools' der neu gegründeten ‚research universities' besonderen Anklang. Humboldts Definition der Universität über Wissenschaft, die wiederum über Forschung definiert war, wurde in Amerika auch so aufgenommen:

Der Ethos der deutschen Universitätsidee, wie es von der Mehrzahl der amerikanischen Studenten erfahren wurde, besteht darin, alle Kräfte der Person selbstlos in den Dienst der eingeleiteten Wahrheitsfindung zu stellen – unabhängig davon, welcher Art die Ergebnisse sein mögen (Röhrs 1995: 95).

Wie schon in Kapitel 2.2.3. herausgestellt, bedingt die Forschung als Wahrheitsfindung, diese kritische „Grundhaltung als Folge von sachlicher Souveränität und methodischer Gründlichkeit" (vgl. Röhrs 1995: 96), die akademische Freiheit als Kernstück der Universität. Wie in den vorangehenden Ausführungen zu Universitätsgründungen zu sehen ist, verbindet Ticknor, Everett, Tappan, White und Gilman ein ‚research imperative' und eine einhellige Hochachtung vor der akademischen Freiheit in Deutschland zur Mitte des 19. Jahrhunderts. Dazu schreibt Ticknor in einem Brief vom 14. Oktober 1815 an Thomas Jefferson: „If truth is to be attained by freedom of inquiry, as I doubt not it is, the German professors and literati are certainly in the high road, and have the way quietly open before them" (Ticknor in Hofstadter [2]1968a: 258).

Daher wird in Übereinstimmung mit Hermann Röhrs und Richard
Hofstadter nun im Folgenden die akademische Freiheit als
Kernstück der deutschen Universitätsidee in Amerika untersucht.

3.2 ACADEMIC FREEDOM

Das Moment der akademischen Freiheit als Fundament der
zweckfreien Erkenntnis hatte den nachhaltigsten Eindruck auf
amerikanische Studenten. Hofstadter und Metzger bestätigen die
Dominanz der akademischen Freiheit für die Definition einer
amerikanischen Universität:

> If one were to single out the chief German contribution to the American
> conception of academic freedom, it would be the assumption that
> academic freedom, like academic searching, *defined* the true university
> (Hofstadter [6]1969: 393).

So ist für Gilman bei der Gründung der Johns Hopkins die freie
Wahrheitssuche der Mittelpunkt der zu errichtenden Universität, sie
solle frei vom Einfluss politischer Konstellationen sein, wie in seiner
‚Declaration on Intellectual Freedom'(1875) bereits im ersten Satz
ersichtlich wird:

> The institution we are about to organize would not be worth the name of
> a University, if it were to be devoted to any other purpose than the
> discovery and promulgation of the truth; and it would be ignoble in the
> extreme if the resources which have been given by the Founder without
> restrictions should be limited to the maintenance of ecclesiastical
> differences or perverted to the promotion of political strife (Gilman
> Hofstadter [2]1968b: 845).

Des Weiteren betont Gilman die Relevanz von Meinungsdifferenzen
für das Fortschreiten der forschenden Wissenschaft, grenzt aber
auch ausdrücklich ideologisches Denken aus der Universität aus.
Die Forschung soll demnach nicht nur von der Politik, sondern auch
von ideologisch-moralischen Strömungen der Zeit frei sein:

> As the spirit of the university should be that of intellectual freedom in
> pursuit of truth and of the broad charity toward those from whom we
> differ in opinion it is certain that sectarian and partisan preferences

should have no control in the selection of teachers and should not be apparent in their official work (Giman in Hofstadter ²1968b: 845).

Richard Hofstadter und Walter P. Metzger betonen als weitere konstitutive Elemente die Lehr- und Lernfreiheit, die neben der oben angesprochenen äußeren Freiheit der Universität die damit verbundene geistige Freiheit in den Vordergrund rückt:

> In addition, *Lehrfreiheit*, like *Lernfreiheit*, also denoted the paucity of administrative rules within the teaching situation: the absence of a prescribed syllabus, the freedom from tutorial duties, the opportunity to lecture on any subject according to the teacher's interest. Thus, academic freedom, as the Germans defined it, was not simply the right of professors to speak without fear or favour but the atmosphere of consent that surrounded the whole process research and instruction (Hofstadter ⁶1969: 387).

Die staatspolitische Relevanz der Freiheit der Bildung durch Wissenschaft wird ebenso anerkannt: "In addition, *Lern-* and *Lehrfreiheit* had patriotic associations. They were identified with national revival" (Hofstadter ⁶1969: 387).

Vergleichbar mit Johns Hopkins ist die freigeistige Atmosphäre an der Cornell University, beschrieben von Carl Becker. Die Datierung seiner Ausführung „On the Atmosphere of Cornell after 1917" zeigt zudem die Nachhaltigkeit, mit der das Konzept der akademischen Freiheit Einzug in das US-amerikanische Bildungssystem nahm. Mit der Aussage „a professor, as the German saying has it, is a man who thinks otherwise" verknüpft er die zu Beginn des 20. Jahrhunderts herrschende Atmosphäre mit deutschen Einflüssen (insbesondere der freien Wahrheitssuche) und lobt daraufhin die in Cornell schon lange herrschende Tradition der akademischen Freiheit: „The word which best symbolizes this tradtition is freedom" (Becker in Hofstadter ²1968b: 811).

Es wurde bereits mehrfach darauf hingewiesen, dass die deutschen neuhumanistischen Bildungsideale nicht undifferenziert in das Hochschulsystem der USA integriert wurden. Als Folge der kritischen Auseinandersetzung hat die Idee der akademischen Freiheit an der amerikanischen Universität wichtige Wandlungen durchlaufen. Hofstadter und Metzger kommen zu folgendem Schluss:

> The idea had changed its color, its arguments, and its qualifications in the process of domestication. All the peculiarities of American culture – its constitutional provision for free speech, its empiricist tradition, its abundant pragmatic spirit – contributed to a theory of academic freedom that was characteristically American (Hofstadter [6]1969: 397).

Auch Jurgen Herbst, der noch in seinem Vorwort die Metapher der Blaupause verwendete, kommt auf seinen letzten Seiten zu der Erkenntnis, dass die amerikanische Variante der deutschen Bildungsideale differenziert ausfiel: „The Americans who absorbed the German Wissenschaft were quick to perceive its strengths and to recognize its weaknesses. [...] The German university helped lift American colleges out of their provincial complacency" (Herbst 1965: 234). Herbst erkennt des Weiteren den Einfluss auf die Auffassung der Wissenschaft als nie endende Forschung und auf das Ende der Professorenschaft als Hüter unabänderlicher Wahrheiten:

> They had been stimulated to appraise their scholarship as a body of historical knowledge that needed constant verification under the circumstances of a new and changing environment – a procedure far different from that of old-time college professors who saw as their task the transmission of inherent truths. [...] [T]hey recognized that scholarship was never at rest; that for the scholar there could never be final knowledge (Herbst 1965: 233/234).

Die Hybridisierung der neuhumanistischen Idee der Freiheit der Forschung und Lehre im amerikanischen Kontext lässt sich besonders gut mit den Statuten der American Association of University Professors (AAUP) veranschaulichen. Der erste Satz der „General Declaration of Principles" von 1915 macht dies sehr gut deutlich:

> The term ‚academic freedom' has traditionally had two applications – to the freedom of the teacher and to that of the student, *Lehrfreiheit* and *Lernfreiheit*. It need scarcely be pointed out that the freedom which is the subject of this report is that of the teacher (AAUP 'General Declaration of Principles' in Hofstadter [2]1968b: 861).

Das vordergründigste Unterscheidungsmerkmal der amerikanischen Variante der akademischen Freiheit von der deutschen neuhumanistischen Idee der zweifaltigen akademischen Freiheit ist somit die Trennung der Lehrfreiheit von der Lernfreiheit.

Noch 1885 schreibt Princetons Dean Andrew F. West einen Artikel mit der Überschrift ,What is Academic Freedom?', in dem er die studentische Freiheit bezüglich der Fächerwahl und der Teilnahme am Gottesdienst als akademische Freiheit definiert. Nachdem der Kampf um die Wahlfächer gewonnen war, erhielt die Lehrfreiheit mehr und mehr Aufmerksamkeit, da sich Fälle von Entlassungen aus der Universität aufgrund der Kollision sozialer Ideologien häuften (vgl. Hofstadter [6]1969: 397). Einer dieser Fälle hatte die Gründung der AAUP zur Folge, wie aus der Stellungnahme zur Geschichte ihrer Institution auf ihrer Homepage hervorgeht:

> In 1900 when noted economist Edward Ross lost his job at Stanford University because Mrs. Leland Stanford didn't like his views on immigrant labor and railroad monopolies, other professors were watching. The incident stuck in the mind of Arthur O. Lovejoy, philosopher at Johns Hopkins. When he and John Dewey organized a meeting in 1915 to form an organization to ensure academic freedom for faculty members, the AAUP was born. "Academic freedom" was a new idea then (AAUP 2004a).

Die Priorisierung der Lehrfreiheit im amerikanischen Konzept der akademischen Freiheit begründet sich einerseits in dem unterschiedlichen Status der Universitätsprofessoren der U.S.A., aber auch die finanzielle Abhängigkeit der Reformuniversitäten von ihren Gründern bzw. Stiftern spielt dabei eine große Rolle. [4]

---

[4] Die zur Hälfte des 19. Jahrhunderts gegründeten Reformuniversitäten wurden finanziell von Philanthropen aus der Wirtschaft unterstützt. So erhielt Johns Hopkins 3,5 Millionen Dollar von einem Händler aus Baltimore, Stanford University wurde mit 24 Millionen Dollar vom kalifornischen ,Railroad-Tycoon' Leland Stanford unterstützt, die Universität Chicago wurde mit 34 Millionen Dollar durch den Gründer der ,Standard Oil Company' ausgestattet. Zu Beginn des 20. Jahrhunderts wurden Stiftungen zur Unterstützung der Colleges und Universitäten gegründet, darunter das von John Rockefeller mit 46 Millionen Dollar unterstützte ,General Education Board' und die mit 151 Millionen Dollar ausgestattete ,Carnegie Foundation' (vgl. Hofstadter [6]1969: 413).

Bezüglich des unterschiedlichen Status der Universitätsprofessoren muss festgehalten werden, dass die amerikanischen Professoren in einem Angestelltenverhältnis zur Universität standen und stehen, unabhängig davon, ob es sich um eine staatliche oder private Universität handelt. Dagegen waren und sind die Professoren in Deutschland Staatsdiener. Der amerikanische Professor war in eine hierarchische Struktur der Universitätsführung eingebunden und unterlag der personalpolitischen Entscheidung des ‚lay board'. In Deutschland dagegen lag die Personalpolitik in der Hand des räumlich von der Universität getrennten Bildungsministeriums (vgl. Hofstadter [6]1969: 398). Wie aus dem oben zitierten ‚Fall Stanford' ersichtlich, konnten somit Professoren aus ihrem Dienst entlassen werden, sollten ihre durch Forschung erarbeiteten Erkenntnisse den Vorgesetzten, bzw. dem Stifter, unannehmbar erscheinen. Somit konzentrierte sich der amerikanische Diskurs über die akademische Freiheit zunehmend auf die Frage der Lehrfreiheit:

> To resolve the anomaly of being at one and the same time an employee and a scientific researcher, to cope with the problem of maintaining spontaneity in a highly bureaucratized system – these problems absorbed the interest of American theorists. Faced with this task of adorning, democratizing, and protecting the academic job, they lost sight of the goal *Lernfreiheit* (Hofstadter [6]1969: 398).

Bedingt durch die finanzielle Abhängigkeit der meist privaten amerikanischen Reformuniversitäten drehten sich die Bemühungen der amerikanischen Freiheitstheoretiker stark um die äußere Freiheit und Unabhängigkeit der Universität. Im Gegensatz zu den deutschen Universitäten konnten sie sich nicht auf den Schutz eines starken Staates verlassen – „the state was an unreliable mainstay" (vgl. Hofstadter [6]1969: 399):

> To appeal to state legislatures was hazardous, since their members were so often no better disposed toward intellectual freedom or academic independence than were trustees or private groups (Hofstadter [6]1969: 399).

Aus Ermangelung eines starken Schirmherrn der Universität und ihrer akademischen Freiheit gingen die amerikanischen Theoretiker dazu über, die Gesellschaft und das Gemeinwesen als Referenzpunkt der Universität in die Pflicht zu nehmen:

They asserted that all universities, private or state, belonged to the people as a whole; that the trustees were merely public servants, the professors public functionaries, the universities public properties. Hence, regardless of legal provisions for control, to treat the universities as though they were private possessions, to tie them to a particular faith or ideology, to bend them to the interest of a class or sect or party, was to violate a public trust (Hofstadter [6]1969: 399).

Die Autoren der AAUP "General Declaration of Principles" beschäftigten sich weniger mit juristischen Überlegungen zur Abhängigkeit der Professoren vom ‚board of trustees', für sie war die juristische Verpflichtung der moralischen Verantwortung untergeordnet. Gerade wegen dem Bezug auf die Öffentlichkeit ist es nach der Meinung der Autoren wichtig, in der Öffentlichkeit nicht den Eindruck zu hinterlassen, die Professoren würden dogmatische Prinzipien im Sinne der Stifter lehren. Jegliche Gleichsetzung der Professoren mit Angestellten der Stifter war für die Beziehung zwischen Universität und Öffentlichkeit bzw. Gesellschaft schädlich und konnte zum Verlust des öffentlichen Vertrauens in die Universität als Diener der Gesellschaft führen. So heißt es in der ‚General Declaration of Principles' der American Association of University Professors:

> The responsibility of the university teacher is primarily to the public itself, and to the judgment of his own profession; and while, with respect to certain external conditions of his vocation, he accepts a responsibility to the authorities of the institution in which he serves, in the essentials of his professional activity his duty is to the wider public to which the institution itself is morally amenable (AAUP 'General Declaration of Principles' in Hofstadter 1968b: 866).

Sie erkennen aber auch die Fragilität des Referenzpunktes Gesellschaft bzw. öffentliche Meinung, da in den Universitäten Erkenntnisse entwickelt werden dürfen und sollen, die in der Öffentlichkeit (noch) auf Unverständnis und Argwohn treffen können. In der ‚General Declaration of Principles' (AAUP 'General Declaration of Principles' in Hofstadter 1868b: 870) heißt es, in einer freien demokratischen Gesellschaft bestehe die Tendenz zur Vereinheitlichung von Gedanken, Gefühlen und Einstellungen, somit werden von den konventionellen Standards abweichende

Äußerungen kritisch aufgenommen. Die Tyrannei der öffentlichen Meinung sei der Hauptantagonist der echten Freiheit und Individualität. Vor dieser Tyrannei sei die Universität um ihrer Freiheit willen unbedingt zu schützen. Sie soll eher ein Refugium vor der Tyrannei der öffentlichen Meinung darstellen. Sie definieren die Universität daher ausdrücklich als

> [...] intellectual experiment station, where new ideas may germinate and where their fruit, though still distasteful to the community as a whole, may be allowed to ripen until finally, perchance, it may become a part of the accepted intellectual food of the nation or of the world (AAUP 'General Declaration of Principles' in Hofstadter 1968b: 870).

Um das Verhältnis von Professor zu 'board of trustees' deutlicher zu machen, wird es mit der Beziehung von Legislative zu Exekutive verglichen: "University teachers should be understood to be [...] no more subject to control of the trustees, than are judges subject to the control of the President, with respect to their decisions" (AAUP 'General Declaration of Principles' in Hofstadter 1968b: 866).

Neben der Bedrohung der akademischen Freiheit durch die Stifter an Privatuniversitäten sehen sie aber auch die akademische Freiheit an staatlichen Universitäten in Gefahr:

> Where the university is dependent for funds upon legislative favor, it has sometimes happened that the conduct of the institution has been affected by political considerations; and where there is a definite governmental policy or a strong public feeling on economic, social, or political questions, the menace to academic freedom may consist in the repression of opinions (AAUP 'General Declaration of Principles' in Hofstadter 1968b: 869).

Die bereits erwähnte hohe Sensibilität der amerikanischen Theoretiker der akademischen Freiheit bezüglich religiös, ideologisch und politisch motivierter Aussagen von Universitätsprofessoren zeigt sich im Konzept der Neutralität der akademischen Freiheit in den U.S.A. Im Gegensatz zu den deutschen Professoren, die ihre Studenten von ihren philosophischen und systemtheoretischen Ansichten überzeugen und für sich gewinnen sollten, hatten sich amerikanische Professoren mit ihren Aussagen auf ihr Kompetenzgebiet zu

beschränken.[5] Neutralität gegenüber kontroversen gesellschafts-
politischen Themen sollte gewahrt werden.

> The old fear that students were easy prey to heretical doctrine became
> the new fear that students had but fragile defences against subtle
> insinuation of ‚propaganda'. The norms of 'neutrality' and 'competence'
> constituted a code of fair practices in ideas, and as such won assent from
> all sides (Hofstadter [6]1969: 402).

Nicht nur die Sorge um allzu formbare Studenten begründet die
Entwicklung der Normen Neutralität und Kompetenz, Hofstadter
und Metzger betonen als weiteren Grund das in den U.S.A. zu jener
Zeit herrschende Primat der Empirie. Im Gegensatz zu Deutschland,
wo die Autorität der Kirche durch die Philosophie gebrochen
wurde, waren es die beweisbaren Naturwissenschaften, die dies in
Nordamerika schafften. Die Empirie, gepaart mit dem
einflussreichen Darwinismus, betonte die Notwendigkeit der
Fakten, um bei der Suche nach der Wahrheit verschiedene
Sichtweisen falsifizieren oder verifizieren zu können:

> The empiricist heritage fostered the belief that facts must be the arbiters
> between competing notions of truth, thus strengthening the standard of
> neutrality; that universal and synthetic speculation must give way to
> specialized knowledge, thus promoting the standard of competence
> (Hofstadter [6]1969: 403).

Die Statuten der AAUP zeigen sehr schön, wie die deutschen Ideale
in Nordamerika mit den soziokulturellen Gegebenheiten
hybridisiert wurden. Aus den spezifisch amerikanischen Elementen
und den deutschen Einflüssen entstand ein neues Hybrid der
nordamerikanischen Higher Education. Die akademische Freiheit
und der ‚research imperative' wurden als zentrale Elemente mit

---

[5] Die enge Verbindung von Lehr- und Lernfreiheit wirkte in der
neuhumanistischen Bildungsidee regulierend auf mögliche extreme Ansichten
von Professoren ein. Konnte ein Professor seine Studenten, die das Recht und
die Pflicht der Lernfreiheit wahrnahmen, nicht für sich gewinnen, hatten seine
Ansichten somit keine Chance. Die Erprobung seines Wissens an den
Lernenden sollte ihn auf den ‚wahren' Weg bringen, auf den er durch die
Ablehnung der mündigen Studenten gelenkt wurde. Die in den U.S.A. in den
Hintergrund gerückte Lernfreiheit hatte somit keinen regulativen Einfluss und
kann daher als ein weiterer Grund für die Einfuhr des Neutralitätsprinzips an
amerikanischen Hochschulen gesehen werden.

deutschen Wurzeln herausgestellt, wobei die Umwandlung des deutschen Konzepts der Freiheit von Forschung und Lehre in einen „American Code" (Hofstadter [6]1969: 407) anhand der ‚General Declaration of Principles' der AAUP nachgezeichnet wurde.

1940 wurden die Prinzipien von 1915 erneut bestätigt und in aktualisierter Form nach einer Reihe von Konferenzen (1936-1940) festgeschrieben. Die AAUP überarbeitete ihre Prinzipien in den 1990er Jahren erneut, um geschlechts-spezifische Formulierungen anzupassen. Die aktuellen Richtlinien der American Association of University Professors bezüglich der akademischen Freiheit sind auf deren Homepage nachzulesen und im Folgenden abschließend aufgeführt (vgl. AAUP 2004b):

A. Teachers are entitled to full freedom in research and in the publication of the results, subject to the adequate performance of their other academic duties; but research for pecuniary return should be based upon an understanding with the authorities of the institution.

B. Teachers are entitled to freedom in the classroom in discussing their subject, but they should be careful not to introduce into their teaching controversial matter which has no relation to their subject. Limitations of academic freedom because of religious or other aims of the institution should be clearly stated in writing at the time of the appointment.

C. College and university teachers are citizens, members of a learned profession, and officers of an educational institution. When they speak or write as citizens, they should be free from institutional censorship or discipline, but their special position in the community imposes special obligations. As scholars and educational officers, they should remember that the public may judge their profession and their institution by their utterances. Hence they should at all times be accurate, should exercise appropriate restraint, should show respect for the opinions of others, and should make every effort to indicate that they are not speaking for the institution.

3.3 VORBILD AMERIKA?

In der Globalisierungsdebatte aus kulturwissenschaftlicher Perspektive fällt immer wieder das Schlagwort ,Amerikanisierung'. Jameson kommt beispielsweise zu dem Schluss, dass die ,neue Weltkultur' von den U.S.A. beherrscht werde (vgl. Jameson 1998). ,McWorld' (Benjamin Barber) und ,McDonaldisierung' (George Ritzer) sind Schlagwörter für eine diesbezügliche Auffassung der Globalisierung. Sie nähren sich aus dem Umstand, dass die meisten multinationalen Konzerne ihren Ursprung und Hauptsitz in den U.S.A. haben. Amerikanisierung steht also primär als Synonym für die Ausbreitung westlicher Konsum- und Kulturwaren. Dabei wird der amerikanischen Kultur oft eine Hegemonialstellung zugesprochen. Dagegen wenden sich Ansätze, die eine neue Betonung des Lokalen im Zuge der Globalisierung konstatieren. Hybridisierung sowie Kreolisierung werden als Vorgänge diskutiert, welche eine Homogenisierung der Weltkulturen durch Amerikanisierung ablehnen (vgl. Wagner 2001: 11ff).

Auch in der Hochschuldebatte werden amerikanische Ansätze weltweit als die erfolgreichsten angesehen. In der aktuellen Debatte über die Reformen des Hochschulsystems in Deutschland wird daher immer wieder ein neidischer Blick über den Atlantik geworfen und angeraten, doch das U.S.-amerikansiche Bildungssystem zu übernehmen. Politik, öffentliche Meinung, Wissenschaftsbürokratie und nicht zuletzt die universitären Eliten selbst stehen unter dem Eindruck des Erfolges eines offensichtlich wissenschaftlich leistungsstarken und ökonomisch effizienten Bildungssystems. Selbstbewusst weisen Philip G. Altbach, Gumport und Johnstone in ihrem Buch „In Defense of American Higher Education" darauf hin, dass das aus englischen, deutschen und amerikanischen Besonderheiten bestehende Hybrid der amerikanischen Hochschullandschaft ein weltweites Erfolgsmodell geworden ist:

> The American university – combining as it does undergraduate instruction from the English colleges, the research ideal of the nineteenth-century German universities, and the home-grown concept of

service to society – is, at the beginning of the twenty-first century, the most influential academic model in the world (Altbach et al. [9]2001: 2).

Wie mit Hofstadter und Herbst in Kapitel 3.2. herausgearbeitet, zeigte sich jedoch, dass die amerikanischen Übermittler der deutschen Bildungsideale vorsichtig bei der Umsetzung in ihrem Heimatland waren und gezielt Elemente in das heimische System adaptierten, die ihnen angemessen erschienen. So entstand das amerikanische Hybrid, das keineswegs eine unreflektierte 1:1 Übertragung darstellte. Ebenso bedacht sollten Anregungen aus dem U.S.-amerikanischen Hochschulsystem für das deutsche System verwendet werden. Vor einer ungenügend reflektierten Übernahme amerikanischer Ansätze der Hochschulpolitik in Deutschland und einem „piecemeal engineering" (Gebhardt 2001: 3) warnen berechtigterweise viele Experten, unter anderem Jürgen Donnerstag und Jürgen Gebhardt.

Ein Blick über den großen Teich ist jedoch sinnvoll, will man die Auswirkungen der Prozesse der Globalisierung auf die Universität untersuchen, da die in den folgenden Kapiteln noch zu spezifizierenden Prozesse in Nordamerika schon seit langer Zeit Einfluss auf die Universität und die akademische Freiheit nehmen. Schon zu Beginn des 20. Jahrhunderts hatten es nordamerikanische Professoren beispielsweise mit Abhängigkeitsbeziehungen zu Geldgebern und mit dem nationalen Wettbewerb um Finanzmittel und Studenten zu tun; die Ausführungen zur AAUP im vorangehenden Kapitel bestätigen dies. Thorstein Veblen veröffentlichte bereits im Jahre 1918 ein Buch mit dem viel sagenden Titel „The Higher Learning in America, A Memorandum on the Conduct of Universities by Business Men", in dem er die Einflussnahme des von Wirtschaftsvertretern dominierten ‚board of trustees' auf die Ausrichtung der Universität kritisierte. Diese Beziehungen und Einflussfaktoren sind in der deutschen Hochschullandschaft relativ neu und werden durch die Globalisierung, wie noch zu zeigen sein wird, verstärkt.

Im Folgenden sollen die Eigenheiten des U.S.-amerikanischen Hochschulsystems herausgestellt werden, um Klarheit über die schwierige Vergleichbarkeit für die in der vorliegenden Arbeit herangezogenen Beispiele aus den U.S.A. zu schaffen.

Jürgen Donnerstag sieht in seinem Aufsatz „German Education between Americanization and Globalization" (2003) einen grundlegenden Unterschied der beiden Hochschullandschaften in ihren verschiedenen kulturellen Rahmungen und stellt *self-reliance* und *self-improvement* als zentrale Werte des U.S.-amerikanischen Hochschulsystems heraus. Sie entspringen einem amerikanischen christlichen Fundamentalismus der 1820er Jahre, des ‚Second Great Awakening'. Das Individuum konnte nach dieser Doktrin alles aus eigener Kraft erreichen, unbelastet von Merkmalen der persönlichen oder gesellschaftlichen Vergangenheit. Selbst-Erfindung, Selbst-Verbesserung und sozialer Aufstieg sind somit ungeachtet der gesellschaftlichen Rahmenbedingungen, Klassenhierarchien und Geschlechts- oder Rassenkategorien möglich. Die Ausübung von *self-reliance* und *self-improvement* fokussieren sich nach Donnerstag auf drei Bereiche: Erstens, der Bereich des „life of the mind", die Fähigkeit, kritisch zu reflektieren. Zweitens, das „professional life", Wissen und Fähigkeiten, die sich an den Erfordernissen eines bestimmten Berufsfeldes orientieren. Drittens, ein die ersten beiden Bereiche umschließendes Feld, das des „social learning". Das Individuum muss das Leben in einer Gesellschaft als Rahmen für sein berufliches und individuell-geistiges Leben anerkennen. Dementsprechend hat die höhere Bildung in den U.S.A. drei Zielgebiete: Die intellektuelle Ausbildung, die berufsorientierte Ausbildung und die Ausbildung für das Sozialgefüge (vgl. Donnerstag 2003: 71/72).

Diesen drei Zielgebieten hat sich ein komplexes Gefüge an höheren Bildungsinstitutionen in den U.S.A. verschrieben, deren Mitglieder sich jeweils in unterschiedlichem Ausmaß einem der drei Ziel-gebiete verpflichtet fühlen. Die amerikanische Hochschullandschaft hat im Gegensatz zu der von der uniformen Struktur der öffentlichen Körperschaft bestimmte deutsche Szenerie hinsichtlich der Aufgabenstellung und der Leistungsfähigkeit eine nahezu unüberschaubare Variationsbreite und institutionelle Differenzierung erreicht. Diesem System, oder soll man sagen

Nicht-System, der amerikanischen Hochschullandschaft hat sich die *Carnegie Foundation for the Advancement of Teaching* zum ersten Mal 1973 gewidmet, um eine Klassifikationssystematik zu entwickeln, mittlerweile bekannt und anerkannt als *Carnegie Classifcation*. Anhand dieser soll im Folgenden eine kurze ordnende Einsicht in die amerikanische Hochschullandschaft gegeben werden.

Daniel Fallon hat in seinem Beitrag „Die Differenzierung amerikanischer Hochschulen nach Funktion und Bildungsauftrag" (Fallon 2001) die *Carnegie Classifcation* von 1996 analysiert – er soll als Grundlage der Ausführungen dienen. Diese mittlerweile schon acht Jahre alten Daten zeigen eine immer noch gültige Kategorisierung des amerikanischen Hochschulsektors und sind daher für diese Arbeit uneingeschränkt relevant. An Stellen, an denen aus der mittlerweile erschienen *Carnegie Classification 2000* (vgl. Carnegie 2001) neuere Daten bemerkenswert erscheinen, werden diese zu den von Daniel Fallon aufbereiteten Zahlen hinzugefügt.

In der *Carnegie Classification* von 2000 sind 3941 Institutionen erfasst, die auf die folgenden sechs Gruppen aufgrund der dort vergebenen Abschlüsse verteilt werden: Doctoral/Research Universities (6,6%), Master's Colleges and Universities (15,5%), Baccalaureate Colleges (15,4%), Associate's Colleges (42,3%), Specialized Institutions (19,4%) und Tribal Colleges and Universities (0,7%) (vgl. Carnegie 2001: 5).

Die 261 ‚Doctoral/Research Universities' machen dabei mit 6,6 Prozent den geringsten Anteil (lässt man die Tribal Colleges and Universities einmal außer Acht) an den Institutionen der höheren Bildung in den U.S.A. aus, sind aber nach Aussage vieler Experten (Donnerstag, Gebhardt, u.a.) die einzigen amerikanischen Universitäten, die sich mit den deutschen Universitäten vergleichen lassen. Nur diese ‚Doctoral/Research Universities' sind im deutschen Sinn vollakademisch, d.h. sie bieten ein Forschung und Lehre integrierendes sowie Promotionsrecht verleihendes Graduiertenstudium an und vergeben mindestens zwanzig Doktortitel in einem Jahr. Sie beherbergen hochkarätige Forschung und werben die umfangreichsten Bundes- und Drittmittel ein. Von diesen 261 ,echten' Universitäten sind 63,6 Prozent staatliche Institutionen, 35,5 Prozent private, jedoch nicht gewinnorientierte Einrichtungen und 0,8 Prozent private, gewinnorientierte Universitäten. (vgl. Carnegie 2001: 5/6).

Die große Mehrheit der U.S.-amerikanischen höheren Bildungseinrichtungen stellen die ,Associate's Colleges' dar, zu denen hauptsächlich die zweijährigen ,Community Colleges' zu zählen sind. 1996 waren 36% der 15 Millionen Studenten an diesen Institutionen eingeschrieben (vgl. Fallon 2001: 94), deren Qualität jedoch „kaum der gymnasialen Kollegstufe bzw. Fachoberstufe" entspricht, glaubt man Jürgen Gebhardts Urteil (Gebhardt 2001: 8).

Die breite Differenziertheit der U.S.-amerikanischen Hochschulen nach wissenschaftlicher Qualität und der unterschiedlich gestuften Ausrichtung an intellektueller und berufsorientierter Ausbildung der Studenten stellt für Jürgen Donnerstag ein zentrales Erfolgsgeheimnis dieses ,Nicht-Systems' dar, welches sich eben durch diese Differenziertheit leichter an veränderte Rahmenbedingungen anpassen kann (vgl. Donnerstag 2003: 76).

Bei der Lektüre des umfangreichen Materials zur amerikanischen Hochschullandschaft fiel auf, dass leider sehr oft die Begriffe ,University' und ,College' durchmischt wurden. Um Kategoriefehler in dieser Arbeit zu vermeiden, wurde die Differenziertheit des U.S.-amerikanischen Hochschulsystems besprochen und die amerikanische Forschungsuniversität als legitimer Vergleichspartner für die deutschen Universitäten herausgestellt. Es wird daher in der vorliegenden Arbeit darauf geachtet, ausschließlich Beispiele aus Forschungsuniversitäten heranzuziehen.

4. GLOBALISIERUNG UND DIE UNIVERSITÄT

4.1. WAS MEINT GLOBALISIERUNG?

Um die Auswirkungen der Globalisierung auf die Universität zu untersuchen, ist es unerlässlich, eine bestimmte Definition den folgenden Untersuchungen zu Grunde zu legen. Dies gestaltet sich jedoch schwierig, da in der aktuellen Globalisierungsdebatte sehr unterschiedliche Standpunkte diskutiert werden. Ulrich Teusch (2004) beschreibt diese verschiedenen Ansätze als unterschiedlich starke Priorisierungen der vielfältigen Dimensionen und Ursachen der Globalisierung. Nach ausgiebiger Untersuchung dieser Hintergründe kommt er zu folgendem Ergebnis:

> Globalisierung ist ein *multidimensionaler, multikausaler,* weitgehend *eigendynamischer, dialektischer* und im Hinblick auf seine Folgen *ambivalenter* Prozess, der über eine länger zurückreichende historische Genese verfügt, jedoch erst in jüngster Zeit eine ,neue Qualität' angenommen hat (Teusch 2004: 86).

Als zentral sieht er die „Relativierung von Grenzen" an, sofern „diese Relativierung eine globale Dimension [...] annimmt oder aber in einem globalen Kontext stattfindet" (Teusch 2004: 86). Die Begrifflichkeiten ,Internationalisierung' und ,Transnationalisierung' beschreiben dabei eher ein Überqueren von Grenzen, ,Liberalisierung' bzw. ,Öffnung' und ,Durchlässigkeit' von Grenzen verweisen schon auf eine Tendenz zur Auflösung oder „faktischen Irrelevanz" von Grenzen. Die Relativierung von Grenzen bezieht sich nicht nur auf eine horizontale Ebene (geographisch darstellbare nationale, staatliche oder kulturelle Grenzen), sondern auch auf eine vertikale Ebene, d. h. „Grenzen zwischen Akteuren oder Akteursgruppen in hierarchisch geordneten Zusammenhängen, also auf Macht- und Herrschaftsverhältnisse, die im Zuge der Globalisierung in Bewegung geraten und durch neue ersetzt werden" (Teusch 2004: 87). Im Zuge dessen relativiert die Globalisierung die Grenzen der Politik: „Je weiter der Globalisierungsprozess fortgeschritten ist, desto mehr engt er die Grenzen politischer Gestaltungsmöglichkeiten ein" (Teusch 2004: 87). Über Grenzen hinaus entstehen, durch die fortschreitenden

Entwicklungen auf dem Gebiet der Informations- und Kommunikationstechnologie ermöglicht, global ausgereifte Netzwerke und Strukturen, welche „wechselseitige oder auch einseitige Abhängigkeiten" forcieren (vgl. Teusch 2004: 86).

Ulrich Beck unterscheidet in seinem Buches „Was ist Globalisierung? Irrtümer des Globalismus – Antworten auf Globalisierung" zwischen den Begriffen Globalismus, Globalität und Globalisierung, um den ubiquitären sowie unscharfen Oberbegriff Globalisierung zu differenzieren. Damit gibt er Begriffe an die Hand, mit denen eine trennschärfere Ansprache der gemeinten Dimensionen der Globalisierung ermöglicht wird. Wie im Folgenden bei der Vorstellung dieser drei Begriffe gezeigt wird, beinhalten sie im Wesentlichen die von Teusch angesprochenen Dimensionen und vereinfachen durch eine thematische Bündelung der Dimensionen deren Anwendung in der vorliegenden Arbeit.

Mit Globalismus beschreibt Beck die Tendenz, dass der Weltmarkt politisches Handeln verdrängt oder sogar ersetzt. Die Ideologie des Neoliberalismus bzw. die Ideologie der Weltmarktherrschaft

> [...] verfährt monokausal, ökonomistisch, verkürzt die Vieldimensionalität der Globalisierung auf eine, die wirtschaftliche Dimension, die auch noch linear gedacht wird, und bringt alle anderen Dimensionen – ökologische, kulturelle, politische, zivilgesellschaftliche Globalisierung – wenn überhaupt, nur in der unterstellten Dominanz des Weltmarktsystems zur Sprache (Beck [3]1997: 26).

Den ideologischen Kern des Globalismus sieht Beck in der Liquidation der Grunddifferenz der Moderne, der Differenz zwischen Politik und Wirtschaft. Die staatliche Aufgabe, die Rahmenbedingungen für das gesellschaftliche Zusammenleben als Grundlage für das Gelingen wirtschaftlichen Handelns zu gewährleisten, sieht Beck durch den Globalismus in Vergessenheit geraten. Das Primat des ökonomischen Denkens ermöglicht es Unternehmen, im Sinne eines „Imperialismus des Ökonomischen" (Beck [3]1997: 27), die eigentlich vom Staat zu definierenden Rahmenbedingungen an ihren Zielen ausgerichtet neu zu organisieren. Dies kann mit Teusch als eine vertikale Entgrenzung der Macht- und Herrschaftsverhältnisse zwischen den Akteuren oder Akteursgruppen ‚Staat' und ‚Markt' und als Beschreibung der Relativierung der Grenzen der Politik angesehen werden.

Mit Globalität meint Beck: „Wir leben längst in einer Weltgesellschaft, und zwar in dem Sinne, dass die Vorstellung geschlossener Räume fiktiv wird" (Beck [3]1997: 28). Die aufeinander prallenden verschiedenen ökonomischen, kulturellen und politischen Formen werden gezwungen, sich selbst neu zu rechtfertigen, Hybridisierung und Kreolisierung mit Bedacht zuzulassen und sich immer im Vergleich mit den übrigen Formen zu betrachten. Es geht daher um die Frage, „wie und inwieweit die Menschen und Kulturen der Welt sich in ihren Differenzen aufeinander bezogen wahrnehmen und inwieweit diese weltgesellschaftliche Wahrnehmung verhaltensrelevant wird" (Beck [3]1997: 28). Die von Teusch angesprochene Relativierung von horizontalen Grenzen (nationale, staatliche, kulturelle) sind in Becks ‚Fiktivität geschlossener Räume' ebenso enthalten wie die transnationalen Netzwerke und Strukturen, welche wechsel- und einseitige Abhängigkeiten hervorrufen.

Der Begriff Globalisierung beschreibt in der Beckschen Terminologie die Prozesse, „in deren Folge die Nationalstaaten und ihre Souveränität durch transnationale Akteure, ihre Machtchancen, Orientierungen, Identitäten und Netzwerke unterlaufen und querverbunden werden" (Beck [3]1997: 29). Sowohl Globalismus als auch Globalität erscheinen als Antriebe der so definierten Globalisierung, da mit ihnen vertikale (Globalismus) und horizontale (Globalität) Grenzen relativiert werden.

4.2 DECLINE OF THE NATION-STATE

Die Debatte um den ‚Decline of the Nation-State' stellt sich bei der Betrachtung der neueren Literatur über kulturelle Globalisierung als eines der Hauptfelder dieser Disziplin dar, dementsprechend kontrovers wird diese Thematik diskutiert. Frederick Buell beispielsweise lehnt Arjun Appadurais These „the nation-state, as a complex modern political form, is on its last legs" (Appadurai zitiert nach Buell 1998: 551) ab, ebenso kritisiert er folgende von Frederic Jameson getroffene Beobachtung: "[T]he advanced capitalist countries today are now a field of stylistic and discursive heterogeneity without a norm" (Jameson zitiert nach Buell 1998: 551). Des Weiteren lehnt er die Aussage von Rob Wilson und Wimal Dissanayake ab, der Nationalstaat werde "undone by the fast imploding heteroglossic interface of the global with the local" (Wilson & Dissanayake zitiert nach Buell 1998: 551). Buells Meinung nach sind sowohl die utopischen als auch die apokalyptischen Theorien bezüglich der Grenzenlosigkeit einer globalisierten Welt sowie die Behauptung, nationale Souveränitäten würden durch die Weltwirtschaft und den Weltmarkt an den Rand der Bedeutungslosigkeit gedrängt, maßlos übertrieben.

Dies trifft wohl relativ oft zu, jedoch liegt die Vermutung nahe, nur solche Erkenntnisse und Thesen können übertrieben dargestellt werden, die einen auf Beobachtungen und Realitäten beruhenden ‚wahren' Kern beinhalten. Auch Susan Strange geht davon aus, dass aus der Beobachtung der Realitäten, besonders aus dem Blickwinkel des „ordinary citizen", eine Tendenz zu lesen ist, sogar oft leichter als aus den in Universitäten gelehrten Theorien:

> [I write] in the firm belief that the perceptions of ordinary citizens are more to be trusted than the pretensions of national leaders and of bureaucracies who serve them; that the commonsense of common people is a better guide to understanding than most of the academic theories being taught in universities. [...] These theories belong to a more stable and orderly world than the one we live in. It was one in which the territorial borders of states really meant something. But it has been swept away by pace of change more rapid than human society had ever before experienced (Strange 1996: 219).

Geoffrey Garret geht sogar noch weiter. Er betont, dass er sich nicht in die Reihe derer stellen will, die eine Übertreibung der globalen Vernetzung und Integration von Produkten, Dienstleistungen und Kapitalmärkten kritisieren. Sein Standpunkt ist der Folgende, die *Untertreibung* kritisierende:

> [...] I argue that existing studies have significantly underestimated the effects of domestic political conditions both on the way governments

react to globalization and on their impact on the national economy (Garret 1998: 233).

Damit wird deutlich, dass eine kulturwissenschaftliche Analyse lediglich Tendenzen aufzeigen kann, die Frage, wie stark man die negativen oder positiven Auswirkungen einer Tendenz betont, scheint dem persönlichen Geschmack des Forschers überlassen. Dennoch soll im Folgenden dem Argument, der ‚Nation-State' verliere an Geltung, stattgegeben werden, um darauf aufbauend Bill Readings' (²1997) interessante Argumentationskette hin zu einer ‚University of Excellence' nachzeichnen zu können.

Gerade in der Debatte um den ‚Decline of the Nation-State' ist es wichtig, zwischen zwei Dingen grundlegend zu unterscheiden: ‚Nation-State' und ‚nationalism'. Vielleicht vergisst Buell in seiner folgenden Aussage, die sich auf seine oben nachgezeichnete Kritik bezieht, diese wichtige Unterscheidung:

> In disputing these claims, I argue that, while current global reorganization has had profound effects on culture, these effects have not signaled the end of nationalism in the cultural arena (Buell 1998: 551).

Richtigerweise bemerkt er, dass durch Globalität das Bewusstsein für die eigene Nationalität und Kultur im Vergleich zu anderen Nationalitäten und Kulturen sogar geschärft wird, die Differenzen verstärkt wahrgenommen werden: „They have sponsored a wealth of new theorization of social and cultural relationships. They have stimulated the growth of new oppositional movements and new critical perspectives" (Buell 1998: 551). Auch Bernd Wagner unterstreicht dies und verweist darauf, dass in der Globalisierungsforschung mittlerweile die Erkenntnis dominiert, mit Globalisierung gehe auch immer eine Lokalisierung und Regionalisierung einher, es kommt also „gerade in Anbetracht von Globalisierung und Globalität überall zu einer neuen Betonung des Lokalen" (Wagner 2001: 15). Jedoch muss herausgestellt werden, dass man Nationalismus nicht mit Nationalstaatlichkeit vermischen darf, dies betont Bill Readings entschieden: „Let me be clear about what I mean here when I say that the nation-state is withering. This is not the same thing as claiming that nationalism is no longer an issue" (Readings ²1997: 47).

Die in den 1970er Jahren beginnende und seit den 1990er Jahren dominierende neoliberale Wirtschaftspolitik der Industriestaaten aus der ‚Neuen Mitte‘ heraus favorisiert die Mittel der Deregulierung, der Privatisierung, der Öffnung des Staates für die globale freie Marktwirtschaft, um die eigene Volkswirtschaft für den Wettbewerb zu stärken und für ausländische Investoren attraktiv zu sein. In vielerlei Hinsicht scheinen die Nationalstaaten lediglich bemüht zu sein, die Rahmenbedingungen für die ansässige Wirtschaft zu erleichtern, um insbesondere transnational agierende Konzerne oder wenigstens ihre Konzernzentralen an das Land zu binden. Lechner & Boli stellen in ihrer Einleitung zu dem Themengebiet „The Demise of the Nation-State" die in Geldeinheiten gemessene Potenz dieser ‚Transnational Corporations‘ (TNCs) heraus:

> Many transnational corporations (TNCs) have larger sales revenues than entire economies of most countries, and daily global financial transactions routinely surpass the $ 1 trillion level – so the world economy is beyond the control of states (Lechner & Boli [2]2004: 212).

Das Phänomen des von Beck beschriebenen Globalismus findet sich in allen Ausführungen zum ‚Decline of the Nation-State‘ wieder – der ‚Imperialismus des Ökonomischen‘ wird durch die von der Globalität ermöglichten grenzüberschreitenden Austausch-beziehungen zwischen Mitgliedern des Weltmarktes genährt:

> The primary factors of production and exchange – money, technology, people, and goods – move with increasing ease across national boundaries; hence the nation-states should no longer be thought of as supreme and sovereign authorities, either outside or even within their own borders (Hardt & Negri 2001: xi).

Dies führt zu der Auffassung, dass die Autorität und Souveränität der Nationalstaaten, über die sich ein Geflecht aus transnationalen und technologisch beschleunigten Austauschbeziehungen legt, abnimmt:

> [...] [T]he authority of the governments of all states, large and small, strong and weak, has been weakened as a result of technological and financial change and of accelerated integration of national economies into one single global market economy. [...] They are, simply, the victims of the market economy (Strange 1996: 224).

Als Reaktion auf den ‚Imperialismus des Ökonomischen' scheint der Staat im Angesicht des Weltmarktes immer mehr staatlichen Institutionen die "Goldene Zwangsjacke"[6] anzuziehen. In Deutschland kann man die Umwandlung der Deutschen Bundesbahn und der Deutschen Post in Aktiengesellschaften als Beispiele anführen. Die eigentlich vom Staat zu definierenden Rahmenbedingungen werden stärker an den ökonomischen Zielen ausgerichtet und neu organisiert. Auch die Institution Universität scheint in diesen Sog hineinzugeraten, wenn auch nicht mit den Mitteln der Privatisierung. Universitäten bleiben in Deutschland staatliche Institutionen, eine Privatisierung scheint nicht anzustehen. In die „Goldene Zwangsjacke" gesteckt ähnelt sie jedoch schon sehr einer marktwirtschaftlich gesteuerten Organisation.

4.3 University of Excellence

Einleitend zu Readings Überlegungen soll folgendes Zitat seine Argumentationskette verdeutlichen:

> The University no longer has to safeguard and propagate national culture, because the nation-state is no longer the major site at which capital reproduces itself. Hence, the idea of a national culture no longer functions as an external referent toward which all of the efforts of research and teaching are directed. The idea of national culture no longer provides an overarching ideological meaning for what goes on in the University, and as a result, what exactly gets taught or produced as knowledge matters less and less. [...] What gets taught or researched matters less than the fact that it be excellently taught or researched (Readings ²1997: 13).

Die enge Verbindung der Kultur mit dem Nationalstaat als ihr symbolisches und politisches Gegenstück mit dem Ziel der

---

[6] Thomas L. Friedman, Pulitzerpreis-Gewinner und Auslandskorrespondent der *New York Times*, prägte diese strukturbeschreibende Metapher, im englischen Original „Golden Straitjacket" genannt. Ihr zufolge gibt es keine Alternative zur freien Marktwirtschaft: „But, in the end, if you want higher standards of living in a world without walls, the free market is the only ideological alternative left. One road. Different speeds. But one road." (Friedman ²2000: 104).

Integration seiner Mitglieder löst sich also mit der fortschreitenden Globalität und der Globalisierung. Beide, die Idee des modernen Nationalstaates und die mit ihr verbundene Kultur, entstanden zusammen gegen Ende des 18. Jahrhunderts. Beide, so scheint es, verlieren heute an Relevanz. Bill Readings beschreibt diese Tendenz in vergleichbaren Worten: „The nation-state and the modern notion of culture arose together, and they are, I argue, ceasing to be essential to an increasingly transnational global economy" (Readings ²1997: 12).

In Kapitel 2.2.2. wurde gezeigt, dass sich die Universität in neuhumanistischem Gewand als integraler Bestandteil des Nationalstaates versteht. Sie dient dem Staat, indem sie ihm gut ausgebildeten Nachwuchs liefert sowie in der Forschung ein Orientierungswissen zu Diensten des Staates und der Kultur generiert. Readings fasst diese Verbindung wie folgt zusammen: „For the German Idealists, culture is the sum of all knowledge that is studied, as well as the cultivation and development of one's character as a result of that study" (Readings ²1997: 15). In diesem Kontext sieht er die Gründung der Universität Berlin 1810 als entscheidenden Schritt hin zur Ausrichtung der Institution Universität an der Idee der Kultur, die Universität ist darüber an den Nationalstaat gebunden. „Under the rubric of culture, the University is assigned the dual task of research and teaching, respectively the production and inculcation of national self-knowledge" (Readings ²1997: 15). Auch Miyoshi stellt diese traditionelle Verbindung, die er aufgrund der Globalisierung in Gefahr sieht, heraus:

> From Fichte and von Humboldt, through Newman and Arnold and even Thorstein Veblen, the university was thought of as a part of national culture, national history, national identity, and national governance. The construction and maintenance of the coherent nation-state was at the core of its agenda (Miyoshi 1998: 262).

In Deutschland geschah die Produktion des nationalen und kulturellen Selbst-Wissens primär in der Philosophischen Fakultät, in Großbritannien und den Vereinigten Staaten jedoch erhielt die Idee der Kultur eine literarische Dimension. „The study of a tradition of national literature comes to be the primary mode of teaching students what it is to be French, or English, or German" (Readings ²1997: 16). Die Relevanz des Erzählens für die Entstehung einer nationalen Idee – sei es durch Philosophen oder Literaten, die an der Universität besprochen werden – beschreiben auch die Buchbeiträge zu Homi K. Bhabhas Aufsatzsammlung „Nation and Narration" (1990), u. a. Simon Durings Beitrag „Literature – Nationalism's other? The case for revision" sowie „Breakfast in America – Uncle Tom's cultural histories" von Rachel Bowlby.

Der Referenzpunkt der Universität vor Humboldt war laut Readings zur Zeit der Aufklärung die Vernunft: „The University becomes modern when all its activities are organized in view of a single regulatory idea, which Kant claims must be the concept of reason" (Readings ²1997: 14). Vernunft und ihre Ratio zieht in alle Disziplinen der Universität als Organisationsprinzip ein, ist aber gleichzeitig in der Philosophischen Fakultät verortet. Mit diesem Gedankengut beginnt Kant die Verbindung von Nationalstaat und Vernunft, von Wissen und Macht, über die Konzeptualisierung des modernen Subjekts, welches gleichzeitig des rationalen Verstandes-gebrauchs und der republikanischen Politik mächtig ist (vgl. Readings ²1997: 15).

Dementsprechend hatte die Universität bisher zwei Referenzpunkte zur Legitimation – Kants Konzept der Vernunft und später Humboldts Verbindung mit der Kultur:

> The history of previous ways of understanding the function of the University can be roughly summarized by saying that the modern University has had three ideas: the Kantian concept of reason, the Humboldtian idea of culture, and now the techno-bureaucratic notion of excellence (Readings ²1997: 14).

Der hier eingeführte dritte Referenzpunkt der Exzellenz, der nach Readings' Ansicht die heutige Universität zu binden versucht, entsteht aus der oben schon angesprochenen Globalisierung – in Becks Terminologie also die Prozesse, „in deren Folge die Nationalstaaten und ihre Souveränität durch transnationale Akteure, ihre Machtchancen, Orientierungen, Identitäten und Netzwerke unterlaufen und querverbunden werden" (Beck ³1997: 29). Der ‚Decline of the Nation-State' in Verbindung mit der

Globalität, welche eine aus vielen Kulturen bestehende hybride Weltgesellschaft und -kultur impliziert, führt zur Auflösung der Bande zwischen Nationalstaat und Universität: „[...] I argue that the discourse of excellence gains purchase precisely from the fact that the link between the University and the nation-state no longer holds in an era of globalization" (Readings ²1997: 14).

In Anbetracht der Globalität und der somit verstärkten kulturellen und nationalen Selbstvergewisserung durch Alterität in Verbindung mit der durch Hybridisierung und Kreolisierung entstehenden Weltgesellschaft und Weltkultur ist also der Referenzpunkt Kultur unscharf geworden, nationale Kulturen verschmelzen über Grenzen hinweg zu transnationalen Wertegemeinschaften. „It is no longer clear what the place of the University is within society nor what the exact nature of that society is [...]" (Readings ²1997: 2). Die ‚Flucht nach vorne' als bewusste oder unbewusste Reaktion auf die sich verschärfende Legitimationskrise der Universitäten scheint über den Verweis auf Exzellenz zu funktionieren.

Problematisch ist hierbei die Ideologieungebundenheit dieses Konzeptes, die gerade wegen dieser ‚Inhaltsleere' eine breite Zustimmung ermöglicht: „The need for excellence is what we all agree on. And we all agree upon it because it is not an ideology, in the sense that it has no external referent or internal content" (Readings ²1997: 23). Exzellent kann alles sein und sich auf alles beziehen, Readings führt als anschauliches Beispiel eine Anekdote über die Cornell University an: Ihr wurde ein Preis mit dem viel oder nichts sagenden Titel ‚excellence in parking' verliehen. Es bedeutete, dass die Parkwächter bzw. Parkmanager der Cornell University die Zufahrt von Automobilen auf das Universitäts-gelände mit hoher Effizienz eingeschränkt hatten. Exzellenz hätte in diesem Kontext genauso gut bedeuten können, dass die Parkmanager die Zufahrt der Automobile so steuerten, dass die Fakultätsangehörigen einen möglichst kurzen Laufweg zu ihrem Arbeitsplatz auf sich nehmen müssten (vgl. Readings ²1997: 24). Hier wird deutlich, dass nicht die inhaltlichen Erfolge für das Konzept der Exzellenz relevant sind, sondern dass Exzellenz als Evaluationskriterium für beide Seiten derselben Medaille gleich gut funktionieren kann. Auf die Universität bezogen heißt es also: "What gets taught or researched matters less than the fact that it be excellently taught or researched" (Readings ²1997: 13). Das Kriterium Exzellenz bewertet nicht den Inhalt, sondern lediglich das exzellente Ergebnis zählt.

Readings beschreibt den Trend hin zur 'University of Exellence' primär aufgrund der Betrachtung der nordamerikanischen Hochschullandschaft, insbesondere der U.S.-amerikanischen. Der Grund, warum das Konzept der Exzellenz dort auf so fruchtbaren Boden fällt, hängt für ihn untrennbar mit der besonderen Stellung der nationalen Identität in den U.S.A. zusammen:

> This [...] shift is most evident in the United States, where the University has always had an ambiguous relation to the state. This is because American society is structured by the trope of the promise or contract rather than on the basis of a single national ethnicity (Readings ²1997: 33).

Dementsprechend war es auch nie die vordergründige Aufgabe der U.S.-amerikanischen Universität, sich mit kulturellen Inhalten zu befassen, sondern eher ein die Nation einendes Versprechen zu festigen: „And the role of the American University is not to bring to light the content of its culture, to realize a national meaning; it is rather to deliver on a national promise, a contract" (Readings ²1997: 34).

Diese Bedingungen sind es, die es dem Konzept der Exzellenz erlaubten, in den Vereinigten Staaten von Amerika früher als in anderen Teilen der Welt, insbesondere Europa, Fuß zu fassen, wie Readings folgerichtig konstatiert: „Excellence can thus most easily gain ground in the United States; it is more open to the futurity of the promise than is ‚culture'" (Readings ²1997: 35).

Belege für die Priorisierung des Konstruktes Exzellenz sieht Readings unter anderem in Aussagen von Universitätspräsidenten in den U.S.A., so zum Beispiel des Präsidenten der Ohio State University, E. Gordon Gee (vgl. Readings ²1997: 22), und in einer Analyse von Alfonso Borrero Cabals Ausarbeitung für die UNESCO mit dem Titel „The University as an Institution Today" (1993) (vgl.

Readings ²1997: 29ff). Es geht dabei hervor, dass mit den Überlegungen zur Exzellenz die Tendenz einhergeht, einerseits die Forschung und Lehre an den Universitäten an den Bedürfnissen des Markes auszurichten, andererseits die Universität als Unternehmen zu führen. „Globalization requires that ‚greater attention is given to administration' in order to permit the integration of the market in knowledge, which Borrero Cabal situates directly in relation to the need for 'development'" (Readings ²1997: 30).

Bill Readings beschreibt Amerikanisierung nicht als Hegemonie der U.S.-amerikanischen Kultur, sondern als eine globale Erkenntnis, dass Kultur in einer globalisierten Welt ebenso inhaltslos geworden ist wie das Konzept der Exzellenz (vgl. Readings ²1997: 35). Daher überrascht es ihn nicht zu erkennen, dass ähnliche Entwicklungen in Großbritannien zu sehen sind. Er nennt die dortige Einführung von „performance indicators" in das Hochschulsystem und sieht sich damit in seiner Ausführung bestätigt (vgl. Readings ²1997: 36).

An dieser Stelle lohnt ein Blick auf die europäische und deutsche Hochschulpolitik, um weitere Belege für die Entwicklung hin zur „University of Excellence" erkennen zu können. Am 25. Mai 1998 trafen sich die Bildungsminister Frankreichs, Großbritanniens, Italiens und Deutschlands in Paris an der Sorbonne, um den Grundstein für einen europäischen Hochschulraum zu legen. Ziel der Harmonisierung sollte die Förderung der Mobilität und der Beschäftigungsfähigkeit der Bürger Europas sein. In der Sorbonne-Deklaration wurde die zentrale Rolle der Universitäten bei der Entwicklung einer europäischen Dimension, d.h. der Stärkung der intellektuellen, kulturellen, sozialen, wissenschaftlichen und technischen Dimension im vereinten Europa sowie bei der Schaffung eines ‚Europa des Wissens' herausgestellt. Am 19. Juni 1999 fanden sich daraufhin 30 Bildungsminister aus 29 europäischen Ländern zusammen und unterzeichneten die so genannte Bologna-Deklaration, deren Ziele die Schaffung eines europäischen Bildungsraums im Hochschulbereich sowie die Stärkung der internationalen Wettbewerbsfähigkeit des europäischen Hochschulwesens sind. In einem Aktionsplan wurden die unterzeichnenden Länder verpflichtet, ihre Hochschulsysteme mit dem Ziel größerer Übereinstimmung bis zum Jahr 2010 zu reformieren[7].

Die Schaffung eines europäischen Bildungsraums beinhaltet die Stimulation einer Idee des europäischen Bürgers unter den kommenden Studentengenerationen und steht daher eher unter dem Stern der Internationalisierung auf europäischer Ebene (Europäisierung). Die Dimension des internationalen Wettbewerbs zielt dagegen auf einen Vergleich der europäischen Hochschulleistungen mit außereuropäischen Universitäten ab und ist daher als Reaktion auf die Prozesse der Globalisierung zu sehen (vgl. Edwards 2004: 34ff). Die Europäischen Universitäten sehen sich somit einem dreifaltigen Wettbewerb gegenüber: Unter dem Druck der Globalisierung und der Globalität entsteht (1) der Leistungsvergleich auf globaler Ebene, welcher wiederum auf der darunter liegenden europäischen Ebene (2) innereuropäischen Wettbewerb auslöst. Ebenso konkurrieren die Universitäten um die prestigeträchtige Vorreiterrolle auf nationaler Ebene (3).

Die Fiktivität geschlossener Räume im Zuge der Globalität ruft einen raum- bzw. grenzübergreifenden Vergleich hervor. Dieser transnationale sowie transkulturelle Vergleich bedarf einer Währung, für die sich die Exzellenz aufgrund der besprochenen Ideologieungebundenheit hervorragend anbietet. Wettbewerb dreht sich hier nicht um Inhalte, sondern nur um die Exzellenz der Inhalte.
Schon aus der „Sorbonne Joint Declaration" ging folgende, die Exzellenz einbeziehende, Motivation hervor:

---

[7] Im Einzelnen sind die Ziele (1) die Schaffung eines gemeinsamen Rahmens von verständlichen und vergleichbaren Abschlüssen (inklusive ‚Diploma Supplement'), (2) die Einführung einer gestuften Studienstruktur mit einem ersten berufsbefähigenden Abschluss nach mindestens 3 Studienjahren (Bachelor und Master), (3) die Einführung ECTS-kompatibler Leistungspunktsysteme, die den Bereich des lebenslangen Lernens einbeziehen, (4) die Berücksichtigung einer europäischen Dimension in den nationalen Systemen zur Qualitätssicherung, (5) der Abbau bzw. die Beseitigung von Mobilitätshemmnissen im akademischen Bereich (vgl. Bologna-Declaration 1999).

We owe our students, and our society at large, a higher education system in which they are given the best opportunities to seek and find their own area of excellence (Allegre et al. 1998: 1).

In Deutschland hat diese Zielsetzung zu einem verschärften nationalen Wettbewerb unter den Universitäten geführt, wie die Debatte um Elite-Universitäten eindrucksvoll deutlich macht. Am 29.03.2004 beschloss die Bund-Länder-Kommission die Förderung von Exzellenz in den Bereichen Hochschule und Wissenschaft. Geplant sind die Förderung von Spitzenuniversitäten und die Schaffung eines Netzwerks der Exzellenz (sog. Exzellenzcluster), stärkere Verknüpfung von universitärer und außeruniversitärer Forschung, verstärkte Förderung des wissenschaftlichen Nachwuchses und der Hochschullehre unter Einbezug des Wettbewerbprinzips (vgl. Bund-Länder-Kommission 2004).

4.4 UNIVERSITÄT IM KOMPLEXEN SPANNUNGSFELD DER GLOBALITÄT

Nachdem sich in den beiden vorangehenden Kapiteln eher mit dem Globalismus als Komponente der Globalisierung beschäftigt wurde, soll in diesem Kapitel das Hauptaugenmerk auf der Globalität liegen. Es wurde mit der ‚University of Excellence' gezeigt, dass sich im Zuge eines ‚Decline of the Nation-State' die Universität in Richtung ‚Markt' zu orientieren scheint. Dies soll nun unter dem Aspekt der Globalität bestätigt werden. Hierzu werden drei aufeinander aufbauende Modelle der Komplexität vorgestellt, in der sich die Universität wieder findet.

Als Ausgangsbasis soll Clarks ‚Triangle of Coordination' dienen, um einen Einstieg in die Akteursgruppen im Politikfeld ‚Universität' zu geben. Dieses Modell soll zunächst die Dynamik der ‚Akteure' auf nationaler Ebene verdeutlichen. Als die drei um Dominanz konkurrierenden ‚Akteure' im Politikfeld der Hochschule

identifizierte Clark ‚Staat‘, ‚Markt‘[8] und ‚Akademische Oligarchie‘.
Sie bilden durch ihre Interaktion ein dynamisches Kräftedreieck.

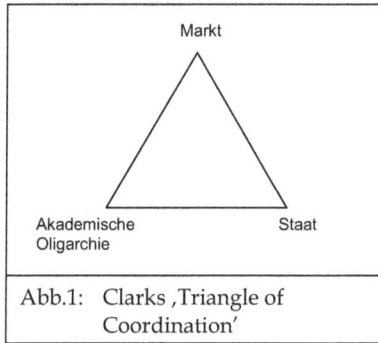

```
                    Markt

                     /\
                    /  \
                   /    \
                  /      \
                 /        \
                /          \
      Akademische            Staat
      Oligarchie
```

Abb.1:	Clarks ‚Triangle of Coordination‘

In Clarks ‚Triangle of Coordination‘ fehlt jedoch eine internationale
bzw. globale Dimension, die in die Dynamik der drei ‚Akteure‘
eingreift. Marijk van der Wende erweiterte daher 1997 dieses
Dreieck um den ‚Internationalen Kontext‘. Es wird aufgezeigt, dass
alle im Dreieck interagierenden ‚Akteure‘ stark mit dem
internationalen Umfeld verflochten sind und daher Clarks Dreieck
der daraus resultierenden Dynamik und Komplexität nicht mehr
gerecht wird (vgl. Hahn 2004: 71).

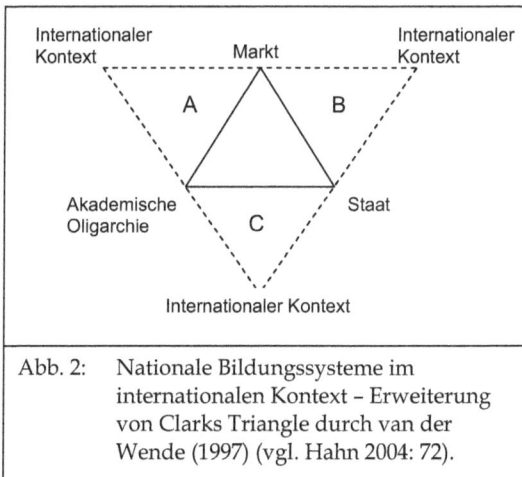

```
Internationaler              Internationaler
Kontext          Markt       Kontext
         ------- /\ -------
          \     /A \B    /
           \   /    \   /
            \ /      \ /
Akademische  \        /  Staat
Oligarchie    \  C   /
               \    /
                \  /
                 \/
        Internationaler Kontext
```

Abb. 2:	Nationale Bildungssysteme im internationalen Kontext – Erweiterung von Clarks Triangle durch van der Wende (1997) (vgl. Hahn 2004: 72).

---

[8] ‚Markt‘ wird als „Handlungs- oder Koordinationsmuster" verstanden (vgl.
Hahn 2004: 70).

Eine weitere Verfeinerung des Clarkschen Dreiecks strebten Barbara Kehm und Peer Pasternack in ihrer Studie ‚Hochschulentwicklung als Komplexitätsproblem' an. Das von ihnen auf der Basis von Clarks Dreieck entwickelte ‚bipolare Sechseck' konkretisiert den internationalen Kontext, indem es den drei ‚Akteuren' international orientierte Antagonisten beistellt. Das Hochschulmanagement gesellt sich zur ‚Akademischen Oligarchie', der nationale Markt sieht sich zunehmend mit den Kräften des internationalen Marktes konfrontiert, und neben die einzelstaatliche Autorität ist eine supranationale Autorität getreten (z.B. Europäische Bildungspolitik).

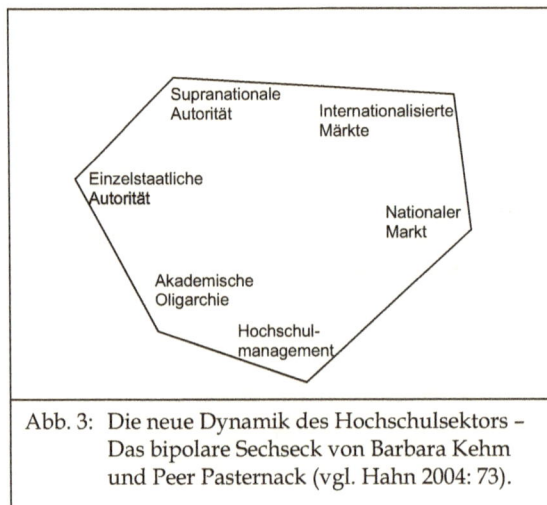

Abb. 3: Die neue Dynamik des Hochschulsektors –
Das bipolare Sechseck von Barbara Kehm
und Peer Pasternack (vgl. Hahn 2004: 73).

Die durch die internationale Dimension entstehende Komplexitätssteigerung von lediglich sechs Relationsbeziehungen in Clarks Kräftedreieck zu neunzig Relationsbeziehungen im ‚bipolaren Sechseck' fällt drastisch aus (Faktor 15). Karola Hahn schreibt hierbei der Globalisierung (in Verbindung mit Europäisierung und Internationalisierung) durch die Generierung einer Makroebene als neue Systemebene eine zentrale Rolle bei der Komplexitätssteigerung zu. Besonders die Entwicklung des globalen Bildungsmarktes verstärkt ihrer Ansicht nach den internationalen Wettbewerb der Hochschulen auf

[...] vertikaler Ebene (dominante globale Akteure, internationale Qualitätsstandards, internationales Benchmarking und zunehmende Bedeutung von Rankings, zunehmende akademische Mobilität, ‚Brain Drain'/'Brain Gain' etc.) sowie auf horizontaler Ebene (interinstitutioneller intranationaler Wettbewerb potentiell gleichwertiger oder gleichrangiger Hochschulen untereinander (Hahn 2004: 76f).

Die politische Reaktion auf die beschriebene Komplexitätserhöhung und die damit einhergehende Gestaltungsschwierigkeit in der Hochschulpolitik verdeutlicht die Forderung des Geschäftsführers des ‚Centrums für Hochschulentwicklung'[9], Detlef Müller-Böling: Deregulierung des Hochschulsektors, Entfesselung der Hochschule (vgl. Müller-Böling 2000). Hier zeigt sich die bereits ausführlich angesproche Tendenz zum Rückzug des Staates in der Hochschulpolitik. ‚Steering from a distance' wird auch von Barbara Sporn (1999: 11) als ein in Europa mehr und mehr favorisiertes Steuerungsmodell des Nationalstaats identifiziert.

Barbara Sporn (1999) untersuchte die Anpassung von U.S.-amerikanischen und europäischen Universitäten an das sich

---

[9] Das Centrum für Hochschulentwicklung (CHE) hat sich durch seine Beiträge zur Studienreformdiskussion einen sicheren Platz in der deutschen Hochschulpolitik erarbeitet. Der Geschäftsführer des CHE, Detlef Müller-Böling, wurde von der Presse wiederholt als ‚heimlicher Bildungsminister' bezeichnet, da er über informelle Kanäle Einfluss auf hochschulpolitische Entscheidungen auf Bundesebene nimmt (vgl. Hahn 2004: 85). Müller-Böling hat sich in seinem Buch „Die entfesselte Hochschule" zu allen aktuellen Veränderungsdrücken auf die Hochschule bekannt und will sie pro-aktiv angehen: „Autonomie und Wissenschaftlichkeit, Profilierung, Wettbewerbsorientierung und Wirtschaftlichkeit, Internationalisierung und Virtualität – dies sind die zentralen Merkmale der Hochschule der Zukunft" (Müller-Böling 2000: 32). Bei der Lektüre seines Werkes, welches jedem Universitätsangehörigen zu empfehlen ist, der sich mit der bundesdeutschen Hochschulpolitik auseinandersetzten möchte, ist leider jeglicher Wille zur Anerkennung kritischer Standpunkte zu vermissen. In überaus polemischer Art und Weise geht er potentiellen Gegnern entgegen, redet von „Nostalgie" (49), „Nekrologie" (82) und von „Pawlovscher Reflexhaftigkeit" der Kritiker der Ökonomisierung der Hochschulen, die „Humboldt vom Kommerz zur Hintertür der Hochschule hinausgetrieben [sehen] und die ‚Aldiisierung' der altehrwürdigen Alma mater [befürchten], in der Freiheit von Forschung und Lehre einer umfassenden Discountierung von »Bildungsprodukten« zum Opfer fällt" (173).

wandelnde sozioökonomische Umfeld der Hochschulen. Die treibenden Kräfte sind ihrer Meinung nach die sich ändernde Rolle des Staates, demographische Veränderungen, die neuen Kommunikations- und Informationstechnologien sowie die verstärkte Globalisierung in Verbindung mit neoliberaler Marktwirtschaft und globalem Wettbewerb (vgl. Sporn 1999: 8ff). Die untersuchten Universitäten aus den U.S.A., der Schweiz, Österreichs und Italiens positioniert sie in Burton Clarks (1983) ‚Triangle of Coordination":

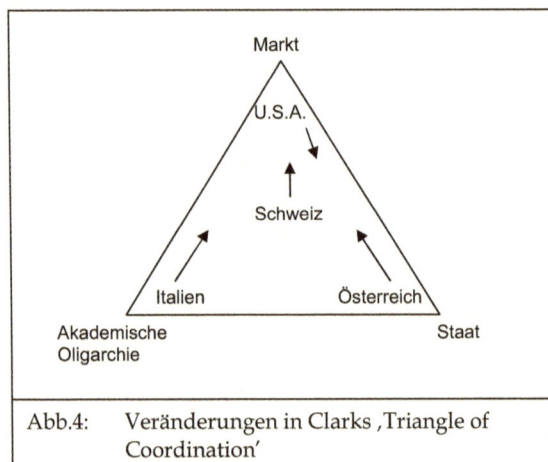

Abb.4:   Veränderungen in Clarks ‚Triangle of Coordination'

Die Pfeile verdeutlichen die Richtung, in die sich die Universitäten der untersuchten Länder hin entwickeln – der ‚Akteur' ‚Markt' gewinnt in allen europäischen Ländern an Dominanz.[10]

4.5 STEUERUNG DURCH MARKT UND WETTBEWERB

Mit der Steuerung der Universitäten durch Markt und Wettbewerb haben sich, neben den im vorhergehenden Kapitel aufgezeigten Forschungsergebnissen, zahlreiche weitere Einzelpersonen und Institutionen beschäftigt. Alle kommen sie zu dem gleichen

---

[10] In Abb. 4 zeigt der von den U.S.A. ausgehende Pfeil in Richtung ‚Staat'. Den Pfeil begründet Sporn mit der Einrichtung von qualitätssichernden „State Postsecondary Review Entities (SPRES)" in einigen Staaten der U.S.A.

Ergebnis: Die Tendenz zeigt eindeutig auf das ,Market Model' (Rhoades 1998). Insbesondere die Studien des ,Center for International Higher Education' am Boston College unter der Führung von Philip G. Altbach und die ,National Education Association' in Washington untersuchen diese Tendenz weltweit und machen auf die Risiken aufmerksam.

Jan Currie beschreibt in seinem Buch „Globalizing Practices and University Responses" ([10]2003) die Auswirkungen der Globalisierung auf die Universität in ähnlicher Weise, auch er sieht den Nationalstaat als Wettbewerber auf einem globalen Marktplatz, der öffentliche Einrichtungen dazu bringt, sich marktorientiert zu verhalten:

> Primarily, this new competitive state creates markets where none existed and encourages public institutions to behave in market-rational ways. [...] This has affected the institutions' funding and management concerning the types of research undertaken, student profiles, teaching loads, and collegial relations (Currie [10]2003: 11).

Um die Auswirkungen der Prozesse der Globalisierung auf die Universitäten der westlichen Welt zu untersuchen, führten Jan Currie, Richard DeAngelis, Harry de Boer, Jeroen Huisman und Claude Lacotte eine Studie an vier Universitäten in vier Ländern (Frankreich, Niederlande, Norwegen und U.S.A.) durch. Sie befragten zwischen 31 und 37 Personen (Lehrende und Verwaltungs-angehörige) an den jeweiligen Institutionen (University of Avignon, University of Twente, University of Oslo, Boston College) über ihre Einschätzungen über und Erfahrungen mit ,Privatization', ,Competition', ,Entrepreneurialism, ,University Governance' und ,Accountability'.

Diese von Currie untersuchten Themenfelder entsprechen den Hauptmerkmalen einer durch das Markt-Modell gesteuerten Universität. Aus diesem Grund werden die Ergebnisse dieser internationalen Studie bezüglich der einzelnen Komponenten der Steuerung der Universität durch Markt und Wettbewerb im Folgenden vorgestellt.

4.5.1 MARKTORIENTIERTE UNIVERSITÄT

Currie konstatiert aufgrund der durchgeführten Studie bezüglich der ,University Governance', dass sich alle betrachteten Universitäten einer betriebswirtschaftlich-marktorientiert agierenden Institution annähern. Zur Verdeutlichung nutzt er eine Analogie mit transparenten Farbtafeln, unter die eine schwarze Farbe gelegt wird – alle Farben verdunkeln sich. Mit dem Oberbegriff ,Managerialism' meint er gestärkte Autorität der Verwaltung, instrumentelle Rationalität und Zentralisierung der internen Entscheidungen (vgl. Currie [10]2003: 110ff). Diese Tendenz sieht er an allen untersuchten Universitäten in unterschiedlichen Graden bestätigt:

> The intensity of the managerial ideology and its impact, however, differs from one university to another. [...] Adding one single color has not (yet) resulted worldwide in one grey institutional structure for universities (Currie [10]2003: 111).

Das Boston College als Vertreter der U.S.-amerikanischen Universitäten[11] stellt sich hier als stärkster Vertreter des ,Managerialism' dar. In der langen Tradition dieser privaten Institution und des amerikanischen Hochschulwesens ist eine betriebswirtschaftlich-marktorientierte Universitätsführung seit geraumer Zeit internalisiert, sie wurde sogar in den vergangen drei Jahrzehnten als Reaktion auf einen drohenden Bankrott in den 1970er Jahren noch verstärkt.

Privatisierung scheint bei den untersuchten europäischen Universitäten kein Thema zu sein, jedoch haben sich in der jüngsten Vergangenheit die europäischen Hochschulsysteme gegenüber privaten, gewinnorientierten Institutionen geöffnet, die nun mit den staatlichen Universitäten konkurrieren. Im Gegensatz zu der gegebenen Bereitschaft der Regierungen, öffentliche Einrichtungen zu privatisieren (Bahn, Post, Telekommunikation, Energie), scheuen sie die Privatisierung der Universitäten. Currie vermag nicht, die

---

[11] Die ,Carnegie Classification' reiht das Boston College in die Gruppe der ,Doctoral/Research Universities' ein (vgl. Carnegie... 2001: 37).

Gründe hierfür zu klären, weist aber auf ein entstehendes Paradoxon hin:

> Whatever the reason, it leads to a paradox that reform in a competitive, user pays, cost-cutting direction must take place within public institutions, requiring many staff members to be reengineered. Many staffers believe in the old public service procedures. They believe in trust, professionalism, autonomy, academic freedom, and free education for its own sake. Thus, the forced changes become inherently difficult and divisive (Currie [10]2003: 75).

Dies scheint die schon genannte Tendenz hin zur staatlichen Universität im Gewand einer 'Goldenen Zwangsjacke' zu bestätigen. Der Staat gibt die Universitäten nicht aus der Hand, drängt sie aber dazu, sich wie private Institutionen zu verhalten und unternehmerisch zu denken (‚Entrepreneurialism').

Als wichtigstes Element des ‚Entrepreneurialism' bzw. des marktorientierten Agierens gilt der Wettbewerb. Hierbei unterscheiden die von Jan Currie Befragten zwischen einem eher akzeptablen klassischen, forschungsorientierten Wettbewerb um Studenten und Professoren und einem eher neumodischen und kontrovers diskutierten marktorientierten Wettbewerb um Finanzmittel (vgl. Currie [10]2003: 69). Diese Unterscheidung ist jedoch nicht aufrecht zu halten, da sich die Finanzierung und die Einwerbung von Drittmitteln aus der Privatwirtschaft an den akademischen Leistungen der Universität und deren Angestellten (Lehrende und Verwaltung) orientiert. Insbesondere die fachliche Ausrichtung spielt bei dem Wettbewerb um Finanzmittel eine große Rolle: „[...] universities teaching vocational subjects and like areas fitting within the market are advantaged over others distant from the market [...]" (Currie [10]2003: 72).

Das Ergebnis der von Currie durchgeführten Studie bezüglich ‚Privatization, Competition, and Entrepreneurialism' bestätigt den von den Autoren vermuteten Trend hin zu einer marktorientierten Universität in allen betrachteten Ländern. Verschärfter Wettbewerb um Studenten und öffentliche sowie private Forschungsmittel geht mit der Ausrichtung an „money-generating activities" (Currie [10]2003: 74) einher.

4.5.2 MARKTORIENTIERTE RECHENSCHAFTSLEGUNG

Wettbewerb bedingt eine gewisse Vergleichbarkeit und Rechenschaftslegung der Institutionen und deren akademischen Leistungen – ‚Accountability' ist hier das Stichwort. Dementsprechend untersucht die Studie von Currie diesen Aspekt sehr ausführlich. In fast allen Universitäten der westlichen Welt hat Rechenschaftslegung Einzug gehalten, mit mehr oder weniger Akzeptanz und Intensität: „In a number of countries accountability is institutionalized and commonly accepted, in others, it is a recent phenomenon, and in others it is a contested issue on the higher education agenda" (Currie [10]2003: 113). Sie setzen diesen Trend mit den Prozessen der Globalisierung in Verbindung und heben die folgenden Verknüpfungen hervor.

Sie sehen, wie schon im Verlauf dieser Arbeit beschrieben, das sich verändernde Verhältnis von Staat und Universität als einen wichtigen Punkt an und führen den Autor Neave (1998) an, der auf eine Verschiebung von ‚ex ante accountability' hin zu ‚ex post accountability' verweist. Mit der Festlegung der Rahmenbedingungen durch den starken Staat wurde eine ex ante Qualitätssicherung betrieben. Durch die Öffnung der Universitäten gegenüber den Marktmechanismen wurde eine ex post Evaluation der Qualität nötig, um zu entscheiden, ob sich eine Universität erfolgreich am Hochschulmarkt behaupten kann. Dies ist aus Sicht der Autoren der Studie entscheidend: „In particular, accountability before the fact is replaced by accountability after the fact" (Currie [10]2003: 116).

Bundesforschungsministerin Edelgard Bulmahn beschreibt diesen Prozess etwas großherzig als Gewährung von mehr Autonomie für die Universität. In einem Interview mit der Wochenzeitung ‚Die Zeit' antwortete sie auf die Frage, warum Deutschland denn ein Hochschul-Ranking bräuchte, wie folgt:

> Aus zwei Gründen. Wenn wir wollen, dass die Hochschulen sich profilieren, brauchen sie Autonomie. Dafür zieht sich der Staat immer mehr aus der Steuerung zurück und verzichtet auf detaillierte Vorgaben. Im Gegenzug müssen die Hochschulen jedoch regelmäßig deutlich

machen, was sie mit der neuen Freiheit anfangen, wie es um die Qualität von Forschung und Lehre bestellt ist. Dafür sind Evaluationen eine geeignete Methode (Spiewack 2003b).

Und der zweite Grund: „Ein Ranking wird die Leuchttürme deutscher Forschung international bekannter machen" (Spiewack 2003b). Mit dem zweiten Grund verknüpft Frau Bulmahn den intranationalen Wettbewerb mit der Notwendigkeit, im internationalen Wettbewerb zu bestehen. Um eine geeignete Grundlage für den Wettbewerb auf globaler Ebene zu schaffen, will sie den Universitäten mehr Autonomie gewähren, sie, mit den Worten Müller-Bölings, ‚entfesseln'. Ob sich diese ‚neue Freiheit' bewährt, soll mit Hilfe von Evaluationen und Rankings geklärt werden.

Auch Frank Newman, der wohl renommierteste U.S.-amerikanische Hochschulforscher, beschreibt die Deregulierung in seinem neuesten Buch „The Future of Higher Education – Rhetoric, Reality and the Risks of the Market" (2004) als einen zentralen Punkt für die Zukunft der Universität und der Hochschulsysteme der Welt:

> Higher education around the globe is grappling with what is referred to as the 'autonomy-accountability trade-off'. In country after country, academic and political leaders have been crafting policies that provide the opportunity and the incentive for institutions to become more autonomous and entrepreneurial while holding institutions more accountable for performance (Newman 2004: 104).

Die Gewährung von mehr Autonomie im Austausch mit der Bereitschaft, sich einer ex-post Rechenschaftslegung durch Evaluationen und Rankings zu unterziehen, soll die Institutionen für den nationalen und globalen Wettbewerb rüsten:

> First of all, colleges and universities now operate in a competitive, global market. To survive, and certainly to excel, in this new environment, institutions need to be flexible, change quickly, and respond to market pressures (Newman 2004: 105).

Des Weiteren verweist Currie auf die in dieser Arbeit bereits diskutierten Einwirkungen der Globalität auf die Hochschulen und die daraus resultierende gesteigerte Relevanz von Evaluationen und Rankings:

> Globalization has facilitated the entrance of foreign higher education
> institutions and business organizations into national arenas and has
> blurred the previously homogeneous cultural and normative
> expectations concerning the nature and future of higher education
> (Currie [10]2003: 117).

Universitäten müssen sich also nicht nur auf globaler Ebene messen, sondern auch Konkurrenz durch ausländische Institutionen in heimischen Hochschulmärkten fürchten. Dem kommen auch die von Currie angemerkten Entwicklungen auf dem Sektor der Informations- und Kommunikationstechnologie entgegen, welche beschleunigte globale Netzwerke ermöglichen. Somit wird der Standort einer Universität weniger relevant, da es möglich wird, universitäre Leistungen über nationale Grenzen hinaus ‚virtuell' anzubieten (vgl. Currie 2003: [10]117). Newman (2004: 24ff) beschreibt diese „global institutions" als solche Einrichtungen der tertiären Bildung, die in multiplen Ländern Studenten ausbilden, Forschung betreiben und Einkünfte durch kostenpflichtige Weiterbildungskurse generieren. Als Beispiele nennt Newman die Monash University, welche Hochschuleinrichtungen in Malaysia und Südafrika unterhält, und die British Open University. Letztere richtet Weiterbildungszentren in allen europäischen und mehr als 30 nicht-europäischen Ländern ein. Virtuelle Weiterbildungsprogramme, welche ‚online' stattfinden, sind „by its nature global" (Newman 2004: 25). Technologischer Fortschritt kann Wissensvermittlung zu einer globalen Unternehmung machen, über multinationale Universitäten, die man ‚global players' nennen könnte, und mit virtuellen Fernuniversitäten treten ernst zu nehmende Konkurrenten in nationale Hochschulräume ein.

Nationale und internationale Rankings werden somit aufgrund der eben genannten und mit der Globalisierung eng verzahnten Entwicklungstendenzen hin zum Markt-Modell der Steuerung für Universitäten immer wichtiger. Evaluationen stellen das wichtigste ‚Werkzeug' der marktorientierten Steuerung einer Universität dar, mit dem die Hochschulwirklichkeit zunehmend nicht mehr von wissenschaftlichen, sondern von ökonomischen Interessensstandpunkten aus wahrgenommen wird (vgl. Maak-Rheinländer 2003: 169).

5. FREIHEIT AUF BEWÄHRUNG?

5.1 DIE AKADEMISCHE FREIHEIT ZWISCHEN ÖKONOMISCHER VERANTWORTUNG UND ‚ÖKONOMISMUS'

Jürgen Zabeck analysiert in seinem Buchbeitrag „Das Ökonomische als Element einer Theorie der Universität" (2003) historiographisch die realen Antriebskräfte der Ökonomie als Handlungsmaxime der Universität. In der Neuzeit, so Zabeck, wurde es zur durchgehenden Regel, dass „der Staat die volle Alimentation der Universität im Umfang einer Grundausstattung übernahm" (Zabeck 2003: 50). Obschon der von Schleiermacher und Humboldt initiierte Neuanfang der deutschen Universität nicht explizit ökonomisch motiviert war, spielte das Subsistenzproblem in dem von Humboldt an den König gerichteten Antrag von 1809 eine große Rolle – in ihm ist durchgehend von Geld die Rede: „Alle Strukturvorschläge sind aufs engste mit Finanzierungsfragen verknüpft" (Zabeck 2003: 51). Die Legitimität ökonomischer Ansprüche an die Universität steht außer Zweifel, insofern sie von Versorgungsinteressen oder vom Prinzip des verantwortungsvollen Umgangs mit Ressourcen geprägt sind. Ökonomische Verantwortung soll natürlich von der Universität abverlangt werden. Das „ökonomische Element ist [jedoch] für eine Theorie der Universität immer nur akzidentiell" (Zabeck 2003: 55):

> Aufbau- und Ablauforganisation der Institution [stehen] unter dem Anspruch des ökonomisch interpretierten *Rationalprinzips*, ohne dass jedoch von ihm her der universitäre Leistungsprozess als ein optimierbarer Input-Output-Zusammenhang gefasst werden dürfte (Zabeck 2003: 55).

Der an die Institution Universität gerichtete Appell, mit knappen Ressourcen effizient umzugehen und zielbewusst zu verfahren, wäre kein Problem, stünde hinter ihm die Einsicht, das akademische Handeln sei nicht bloß ökonomisch determiniert. Das individuelle und institutionelle Handeln der Akademiker und der Universität entspricht einer sozialen Funktion, die über das hinausreicht, was für das ökonomische Kalkül von Interesse ist. Der Begriff Ökonomie bezeichnet also nur ein Element der Universitätsidee.

Unter dem in den vorangehenden Kapiteln beschriebenen Druck der Globalisierung, gepaart mit der Einführung von marktorientierten Verhaltensweisen, der Öffnung gegenüber einem globalen Hochschulmarkt und somit einem globalen Wettbewerb und der damit einhergehenden vergleichenden Messung der universitären Exzellenzen, scheint die ökonomische Verantwortung der Universität von einem ‚Ökonomismus' als Steuerungsmechanismus der Universität verdrängt zu werden.

Von einem ‚Ökonomismus' kann man laut Zabeck sprechen, sobald sich die „staatliche Universitätspolitik zum blinden Erfüllungsgehilfen wirtschaftlicher Interessen" macht oder „der Staat selbst zur Durchsetzung seiner eigenen wirtschaftlichen Interessen die Universität nötig[t], unter Verleugnung ihres rational begründeten Leitbilds sich als rentabilitätsorientierter *Betrieb* zu verstehen" (Zabeck 2003: 55/56). Die in dieser Arbeit aufgeführten Zeichen und Argumente weisen auf eine entsprechende Tendenz hin. Patricia J. Gumport bestätigt eben diese Tendenz mit der folgenden Aussage:

> [T]he present era, however, is marked by a political-economic emphasis on academic consumerism and market forces that promotes an unprecedented enthusiasm to redefine public higher education as an industry (Gumport 2001: 86).

Bereits 1965 verwies Hermann Krings in einem Festvortrag mit dem Titel "Über die akademische Freiheit" auf die Unpässlichkeit einer Übernahme industrieller oder betrieblicher Organisationsformen durch die Universität. Der Industriebetrieb, so Krings, ist streng „im Vorblick auf das Produkt organisiert. Nicht so das wissenschaftliche Institut, es sei denn, man akzeptiert jene Sprachbarbarei, die wissenschaftliche Erkenntnis und Ausbeutung als ‚Produkte' bezeichnet [...]" (Krings 1966: 16). Der ‚Vorblick' auf ein Produkt ist nicht mit der forschenden Tätigkeit eines Wissenschaftlers vereinbar, dem es freigestellt sein muss, im Sinne der Suche nach der Wahrheit in alle Richtungen, also auch in ‚falsche' Richtungen, denken und forschen zu dürfen. Krings sieht dies ähnlich:

> Ein Institut oder gar eine Hochschule, die in diesem Sinne ‚produzieren' würde, hätte die Freiheit der Wissenschaft darangegeben und würde

übrigens auch nicht mehr die grundrechtliche Garantie genießen (Krings 1966: 17).

Jürgen Zabeck schließt sich dieser Argumentation an, wenn er sagt, dass "Universitäten als Ganzes gesehen ihrer Idee nach vom freien Markt und seinen unerbittlichen Regulierungsmechanismen abgekoppelt [sind]" (Zabeck 2003: 56). Er weist mit Sorge darauf hin, dass die deutsche Bildungspolitik sich unbeeindruckt von kritischen Stellungnahmen bezüglich der anstehenden Übertragung betriebswirtschaftlicher Steuerungskonzepte auf die Universität zeigt und verfassungsrechtliche Bedenken herunterspielt (Zabeck 2003: 56). Hoffacker (2001: 412) sieht die Wissenschaftsfreiheit sowie die Gemeinnützigkeitsanforderung an Forschung und Lehre dadurch gefährdet, dass „Alimentationszusagen an das Zustandekommen von Zielvereinbarungen gebunden werden". Sie enthielten seiner Ansicht nach zumindest in Teilbereichen Regulationsvorgaben, die darauf angelegt seien, dem Gebrauch der wissenschaftlichen Freiheitsrechte entgegenstehende soziale Zwänge auszulösen.

Jürgen Zabeck verweist in diesem Zusammenhang auf die auch in dieser Arbeit geführte Diskussion um eine drohende ‚Entstaatlichung' der Universität:

> So erweist sich die zur Zeit in der Diskussion befindliche ‚Entstaatlichung der Universität' als das perfide Spiel mit der Idee des *Vakuums*, in dem der Schutz der Wissenschaftsfreiheit – und der mit ihr verknüpften Lehr- und Forschungsfreiheit – vor dem Staatszugriff obsolet wäre (Zabeck 2003: 54).

Der im ‚Vakuum' obsolet werdende Schutz der akademischen Freiheit vor dem Staat ist insofern perfide, als es der Staat ist, dem der Schutz der Wissenschaftsfreiheit obliegt. Eine ‚Entstaatlichung' der Universität macht also neben dem Schutz der akademischen Freiheit *vor* dem Saat also auch den Schutz derselben *durch* den Staat obsolet. Dies ruft naturgemäß Anspruchsgruppen aus der Gesellschaft auf den Plan, die die akademischen Leistungen in ihrem Sinne zu dirigieren versuchen. Bill Readings ‚University of Excellence' findet sich in einem ähnlichen, durch die Ideologieungebundenheit der Exzellenz hervorgerufenen, Vakuum wieder. Sobald akademische Leistungen weder unter staatlichem Schutz noch unter der Maxime, kulturelles Orientierungswissen zu schaffen, stehen, können wirtschaftliche Interessen Einzug in die Steuerung der Universität halten. Dies geschieht, außer in den ‚Corporate Universities' und in den privaten gewinnorientierten Universitäten, derzeit noch indirekt über die Bedarfsmuster des globalen Marktes. Besonders über Drittmittel kann sich die Wirtschaft den unmittelbaren Zugang zur Universität eröffnen, und stößt eine Verschiebung der inneruniversitären Ressourcen- und Machtverteilung an. Diejenigen Fakultäten, deren Forschungsleistungen Sponsoren bzw. Abnehmer in der Wirtschaft finden, werden auch an universitätseigenen Forschungsmitteln stärker partizipieren können, da deren Ausbau die Chance auf zukünftige Drittmitteleinwerbungen erhöht. Damit würde sich aus Wirtschaftssicht „der mühsame Weg der Einflussnahme über das politische System" (Hoffacker 2001: 413) erübrigen. Buß sieht als mögliche Folge dessen die Aufhebung der Freiheit der Forschung und Lehre (vgl. Buß 2000: 192).

5.2 FREIE FORSCHUNG AUF BEWÄHRUNG?

Die beschriebenen Prozesse der Globalisierung wirken zweifellos auf die universitäre Wissensproduktion – die Forschung – ein. Ein globaler Informationsfluss als integraler Bestandteil der global vernetzten Wissensgesellschaft und Wissens-Ökonomie drängt die Universitäten zur Anpassung. Dem stimmt Roger King zu und konkretisiert:

> Globalization is absorbing universities into a distributed knowledge production system, involving universities in many more alliances and partnerships as they seek to acquire specialized and up-to-date knowledge, including from an increasing range of non-university research and development companies, and where basic and applied research are increasingly converged (King 2004: 53).

Um auf dem neuesten Stand der Forschung zu bleiben, müssen sich die akademischen Wissenschaftler auch mit Forschungsprojekten von kommerziellen Forschungsinstituten und deren Ergebnissen auskennen. Eine auf die unterschiedlichsten Institutionen verteile globale Wissensproduktion führt entsprechend zu kollaborativen Arrangements.

Michael Gibbons sieht in dem eben beschriebenen Aufkommen des „distributed knowledge production system" (Gibbons zitiert in Hahn 2004: 303) eine grundlegende Veränderung der Wissenschaft. Die klassische Art der Wissensproduktion (‚mode 1') weicht einer neueren Art der Wissensproduktion (‚mode 2'), in der vorhandenes Wissen je nach Fragestellung neu konfiguriert wird. Die folgende, von Karola Hahn (2004: 303) übernommene, schematische Darstellung soll einen Überblick über die beiden Formen der Wissensproduktion geben:

Mode 1	Mode 2
Problems set and solved by academic interests	Problems set and solved in context of application
Disciplinary	Transdisciplinary
Homogeneity	Heterogeneity
Hierarchical organizations	Flatter organizations
Preserving existing structures	Transient structures
Less social accountable	Societal quality control
Academic quality control	

Tabelle 1.: Formen der Wissensproduktion nach Gibbons (1998)

Die ehemals monodisziplinäre, interessengeleitete Produktion von Wissen an Hochschulen wandelt sich zu einer kontextbezogenen und transdisziplinären Wissensproduktion. Heterogenität und organisatorische Diversität, gesellschaftliche Relevanz und systematische Qualitätskontrollen zeichnen dieses Vorgehen aus (vgl. Hahn 2004: 303). Gibbons sieht folgende, auf dem neuen System der distributiven Wissensproduktion basierenden, Implikationen für die Forschung:

> Perhaps the most difficult adjustments that universities will have to make derive from the fact that knowledge production is becoming less and less a self-contained activity. Furthermore because of the complexity of the questions now being addressed and of the costs involved research is increasingly a matter of the sharing of resources – intellectual, financial and physical – with a broad range of institutions, not only other universities (Gibbons zitiert in Hahn 2004: 304).

Bevor auf die potentiellen Auswirkungen auf die akademische Freiheit eingegangen wird, soll ein weiteres, Gibbons' Modell nahe stehendes, aber in der Fachliteratur um Dominanz konkurrierendes, Modell eingeführt werden: Die ‚Triple Helix of University-Industry-Government Relations'. Henry Etzkowitz und Loet Leyesdorff sind die prominentesten Vertreter dieses Ansatzes. Sie beschreiben die Entwicklung der Beziehungen der Akteure folgendermaßen:

> Bilateral relations between government and university, academia and industry and government and industry have expanded into a triadic relationship among the spheres [...] (Etzkowitz 2002: 2).

Die drei 'Sphären', welche theoretisch voneinander getrennt operieren, bewegen sich hin zu einem verwobenen und überlappenden Sphärengemisch, in dem die jeweiligen Institutionen der Sphären kollaborieren und kooperieren (Etzkowitz 2002: 3). Dabei verstärken sich nicht nur die Bande zwischen den institutionellen Sphären, jede Sphäre ist mehr und mehr fähig, die Rolle der anderen Sphären zu übernehmen:

> Thus, universities take on entrepreneurial tasks such as marketing knowledge and creating companies, while firms develop an academic dimension, sharing knowledge among each other and training employees at ever higher skill levels (Leyesdorff & Etzkowitz 1998: 198).

Eine tiefgreifendere Diskussion der beiden Ansätze würde die Dimension der vorliegenden Arbeit übersteigen, daher soll hier nur eine, für diese Arbeit zentrale, Gemeinsamkeit festgehalten werden. In beiden Modellen bewegen sich die Forschungsaktivitäten der Universitäten auf außeruniversitäre Forschungsinstitutionen zu, um wenigstens mit ihnen zu interagieren. Forschungsaktivitäten richten sich mehr und mehr nach den Bedürfnissen externer Gruppen, insbesondere nach denen der Industrie. In der 'Triple Helix' werden durch die Prozesse der Globalisierung Universitäten hin zu marktorientierten Forschungsvorhaben gedrängt, wie auch Roger King bemerkt:

> As national economies become increasingly subject to the processes of globalization, governments become subject to increased pressures from industry and commerce to provide incentives to generate more market receptive innovations (King 2004: 54).

Die von Leyesdorff und Etzkowitz angesprochene Vermischung der Sphären, also die Auflösung der Grenzen zwischen den Institutionen, wird von King als Folge der Globalisierung gesehen:

> Globalization also appears to be fundamentally ‚marketizing' key parts of university research, changing the relationship between universities and the outside world, and making their boundaries more porous (King 2004: 54).

Slaughter & Leslie (1997) warten mit dem Schlagwort 'academic capitalism' auf, mit dem sie die sich verstärkenden Verbindungen zwischen der Universität und dem Markt bezüglich der Generierung und Verteilung von wissenschaftlichen Erkenntnissen meinen. Sie erklären den beschriebenen Auftrieb für ‚academic capitalism' mit der ‚Resource Dependence Theorie', nach der durch Finanzmittelknappheit bedrohte Institutionen neue Geldmittel generieren. Forschungsgelder als Einnahmequellen für Universitäten unterstützen nicht nur den Kernbetrieb der Wissenschaft, sondern bieten darüber hinaus die Möglichkeit, das Prestige einer Universität zu erhöhen:

> Faculty turn to commercial forms of research and closer ties with industry and commerce in order to maintain levels of research funding but also because such activity appears to be increasingly encouraged and smiled upon by public and other bodies (King 2004: 55).

Die Kehrseite dieser Entwicklung hin zu einer engeren Verbindung von akademischer Forschung und Industrie bzw. Handel zeigt sich an einigen Beispielen aus den U.S.A. Frank Newman (2004) stellt ebenso fest, dass in der heutigen Ära der Wissensgesellschaft und Wissens-Ökonomie der Einfluss von Konzernen stetig wächst. Er sieht den Anstieg der Alimentierung durch die Wirtschaft als positive Kraft und einzigartigen Vorteil des amerikanischen Hochschulsystems, weist aber darauf hin, dass das Risiko, akademische Integrität einzubüßen, sehr hoch ist (vgl. Newman 2004: 62). Er gibt folgende Beispiele:

Sheldon Krimsky, Professor an der Tufts University, analysierte 1996 fast achthundert veröffentlichte Forschungsberichte aus den Fachbereichen Biologie und Medizin. Er kam zu dem Ergebnis, dass in einem von drei Fällen der Autor ein finanzielles Interesse an der Firma hatte, die seine Forschung sponserte. Des Weiteren fand eine Studie der Stanford University heraus, dass 98 % der universitären Studien, die von der Pharmaindustrie alimentiert wurden, zu dem Ergebnis kamen, die Medikamente seien effektiver als die Präparate der Konkurrenz. In universitären Studien, die nicht von der Industrie gefördert wurde, lag der Wert bei nur 79 % (vgl. Newman 2004: 62/63).

Der im UNESCO-Kurier (11/2001) veröffentlichte Artikel von James L. Turk mit dem Titel „Vor einer unfreundlichen Übernahme der Universitäten?" beschäftigt sich intensiv mit ähnlichen Beispielen. Er sieht die wirklichen Gefahren für die Autonomie der Universität und die akademische Freiheit in Firmenspenden, die streng geheim getätigt werden. Weder die Universitätsgemeinschaft noch der Senat erfahren Einzelheiten über derartige Abkommen. Als Beispiele nennt er die Universität Toronto, Kanadas größte Hochschule, die 1997 geheime Abkommen mit der Rotman Foundation (15 Millionen Dollar für die Fakultät für Management), mit der Barrick Gold Corporation und der Horsham Corporation (6,4 Millionen Dollar für das Institut für Internationale Studien) sowie mit Nortel (8 Millionen Dollar für das Nortel-Institut für Telekommunikation) abschloss. Das Abkommen mit der Rotman Foundation beinhaltete die Vereinbarung, dass „die Mitglieder der Fakultät für Management sich den Prinzipien und Werten des Unternehmens [Rotman] verpflichtet fühlen und diese uneingeschränkt unterstützen". Die Alimentierung der Barrik Gold Corporation für das Institut für Internationale Studien war an die Bedingung geknüpft, dass „diesem Projekt bei der Einsetzung weiterer, auch universitätseigner Gelder höchste Priorität eingeräumt wird" (vgl. Turk 2001: 17). Dank diesen Abkommen konnten die Unternehmen in großem Ausmaß Einfluss auf die akademische Ausrichtung des Studienangebotes der Universität Toronto nehmen.

Das Abkommen der University of Kentucky mit dem Sportartikelhersteller Nike deckt Naomi Klein in ihrem Buch „No Logo" als eines von vielen weiteren Beispielen für die

Einflussnahme von Unternehmen auf Universitäten und der akademischen Freiheit der Professoren auf. Nike hat das Recht, den auf fünf Jahre angelegten Vertrag über 25 Millionen Dollar zu kündigen, sollte folgender Fall eintreten: „[T]he University disparages the Nike brand [...] or takes any other action inconsistent with the endorsement of Nike products" (Klein [20]2001: 97). Die Professoren haben somit kein Recht mehr auf freie Meinungsäußerung, sollte ihre Meinung der Unternehmenspolitik von Nike gegenüber kritisch eingestellt sein. Als weiteres Beispiel soll die Erwähnung einiger Titel von Lehrstühlen und Professuren ausreichen: Der ,Taco Bell Distinguished Professor of Hotel and Restaurant Administration' an der Washington State University, der ,Yahoo! Chair of Information-Systems Technology' der Stanford University und das ,Lego Professorship of Learning Research' am renommierten Massachusetts Institute of Technology (MIT) (Klein [20]2001: 101).

Newman weist darauf hin, dass kommerziell verwertbare Forschungsaktivitäten angesichts knapper finanzieller Ressourcen für die Universitäten immer wichtiger werden und gibt folgende Zahlen als Beleg an: In den Vereinigten Staaten von Amerika erhöhte sich das Alimentierungsvolumen durch die Privatwirtschaft von 850 Millionen Dollar im Jahre 1985 auf 4,25 Milliarden Dollar im Jahre 1995 (Newman 2004: 62). Angesichts dieses enormen Zuwachses befürchtet er eine Abkehr von den traditionellen akademischen Werten ,akademische Freiheit' und ,Integrität':

> Academic freedom was designed to protect that very function [principal source of criticism] so that academics would be free to teach and speak on controversial topics, and campuses could tolerate – and even encourage – debate that helped illuminate critical social issues. But there has been a marked change in the amount and type of debate taking place on campus. The growing need for private fund-raising has led to questions as to whether college and university presidents and faculty are willing to be outspoken about pressing societal issues or whether they limit what they say so as not to offend potential donors (Newman 2004: 64/64).

Nicht nur dass Universitätsangehörige ihre Äußerungen an die aktuellen Geldgeber anpassen müssen, sie scheinen nun auch potentielle zukünftige Geldgeber und deren bevorzugte wissenschaftliche Haltungen zu antizipieren, um ihre Meinungsäußerungen marktgerecht angepasst formulieren zu können. Hier wird das Prinzip der akademischen Freiheit aufs Tiefste verletzt.

Die Priorisierung von kommerziell verwertbaren bzw. marktorientierten Forschungsaktivitäten hat in Verbindung mit der Bedrohung der akademischen Freiheit tief greifende Einwirkungen auf die Lage derjenigen Forschungsrichtungen, die entweder nicht schnell verwertbare Resultate generieren oder vom Markt nicht nachgefragt werden. Darunter fallen die Grundlagenforschung aller Disziplinen sowie die Gruppe der geistes- und sozialwissenschaftlichen Disziplinen.

5.3 RANKINGS ALS MAßSTAB DER ZU GEWÄHRENDEN FREIHEIT?

Mit der Entwicklung von einer ex-ante Rahmenbestimmung hin zu einer ex-post Rechenschaftslegung im Zuge des Austauschs gegen mehr Autonomie fällt den Evaluationsmaßnahmen eine immer wichtiger werdende Rolle zu. Die Gesellschaft und der Staat haben ein berechtigtes Interesse daran, die Qualität der akademischen Leistungen sichtbar zu machen, um die Verwendung erheblicher Geldmittel zu rechtfertigen. Darüber hinaus bedingt der schon beschriebene internationale Wettbewerb um Studenten, Forschungsmittel und Ansehen eine Rechenschaftslegung, die internationalen Standards genügt. Die Notwendigkeit, ein Evaluationssystem in Deutschland einzuführen, hat Detlef Müller-Böling ausführlich deutlich gemacht (vgl. Müller-Böling 2000). Es entstehen somit vielschichtige Bewertungsmechanismen: universitätsinterne, universitätsexterne (nationalstaatliche), supranationale (europäische) und globale Evaluationsverfahren (Akkreditierungsagenturen), welche im ungünstigsten Fall völlig unterschiedliche Kriterien zur Messung der akademischen Leistung zu Grunde legen.

Da keine Meta-Ebene existiert, aus deren Distanz man sowohl die einzelnen Kriterien als auch deren Gewichtung zur Bewertung der akademischen Leistung bzw. Exzellenz objektiv festsetzen könnte, sind alle Evaluationsmaßnahmen anfällig für berechtigte Kritik. Grundsätzlich bestehen daher immer Zweifel, ob mit den Mitteln der Evaluation eine rationale Steuerung der Allokation von Mitteln zu erreichen ist. Laut Werner Hoffacker geht der Trend in Deutschland dahin, die eingeworbenen Drittmittel und die Absolventenzahlen als gewichtigste Kriterien in die Evaluation von Universitäten einfließen zu lassen (vgl. Hoffacker 2000: 97). Ebenso grundsätzlich ist das von Luhmann formulierte und auch heute noch aktuelle Problem, dass

> [...] über Wissenschaft nicht entschieden werden kann und dass Rechenschaftspflichten sich deshalb nur auf die Bemühung, nicht auf den Erfolg erstrecken können, wofür es noch keine allgemein brauchbaren Kriterien gibt (Luhmann 1971: 248).

Um Drittmittel aus staatlichen und nicht-staatlichen Quellen einzuwerben, benötigen die Universitäten brauchbare Argumente, um Geldgeber für sich zu interessieren. Neben dem Inhalt der Forschung und Lehre zählt dabei immer mehr die Exzellenz einer Universität als ausschlaggebendes Moment, welche durch nationale und internationale Rankings gemessen werden soll. Mit Bill Readings wurde bereits auf die problematische Ideologieungebundenheit der Exzellenz hingewiesen. Für eine leistungsorientierte und wettbewerbliche Steuerung der Universität ist ein Exzellenz-Ranking jedoch ein ideales Mittel, um im Kampf um die Allokation knapper finanzieller Mittel zu bestehen, da ein exzellentes akademisches Umfeld den sinnvollen Einsatz der Mittel suggeriert.

Man könnte argumentieren, ein Forscher könne ja in jede beliebige Richtung forschen, wenn nur das exzellente Ergebnis der Forschung und Lehre zählt, nicht der Inhalt. Dies entspricht jedoch nicht der Realität, welche in einer von Marktmechanismen gesteuerten Universität vorherrscht. Im Vorgriff auf die relevanten Evaluationskriterien liegt eine inhaltliche Marktausrichtung der Forschung und Lehre, da die beiden am stärksten gewichteten

Kriterien, oder „Marktsurrogate", wie es Hoffacker (2000: 96) ausdrückt, die Absolventenzahl und die Höhe der eingeworbenen Drittmittel sind. Die Finanzierung der von Forschenden angestrebten Untersuchungen hängt immer stärker von der Marktgängigkeit seiner anvisierten Erkenntnis ab. In Forschungsfeldern, in denen Drittmittel erfolgreich eingeworben werden können, werden auch universitätseigene Mittel bevorzugt eingesetzt, um der geforderten Profilierung der Universität nachzukommen. Der resultierende Regelfall, so Maak-Rheinländer, soll sein, dass sich Hochschulen spezialisieren, ihr Angebot differenzieren und nicht mehr als Anbieter einer Vielfalt von akademischen Qualifikationen auftreten (vgl. Maak-Rheinländer 2003: 169). Der entstehende Verdrängungswettbewerb unter den Fakultäten und Akademikern an den Universitäten wird auf Basis der Evaluationen und Rankings geführt. Des Weiteren beschreibt Hoffacker die Auswirkung einer Priorisierung der Exzellenz über den Inhalt mit folgenden zugänglichen Worten:

> Wird der schnelle Erfolg zum Indikator der Finanzierung, geraten wissenschaftliche Langstreckenläufer und theoretische Tiefbohrer, deren Zwischenzeiten bzw. angebohrten Zwischenschichten sich nicht als Erfolg darstellen lassen, in ein Finanzierungsabseits (Hoffacker 2000: 98).

Um dennoch schnellstmöglich mit be- und verwertbaren Ergebnissen aufwarten zu können, an denen man Exzellenz festmachen kann, besteht die Gefahr, dass unausgereifte Zwischenergebnisse publiziert werden. Auch setzen sich die Forscher als Reaktion auf den Druck der schnellen Messbarkeit Ziele, die in kürzerer Zeit erreicht werden können. Daher kann eine Tendenz dahingehend gesehen werden, dass nur noch Forschungsvorhaben, die in kurzer Zeit Erfolge versprechen, in Angriff genommen werden. Grundlagenforschung erweist sich daher als ungeeignet, um auf dem internationalen Hochschulmarkt Anerkennung zu erlangen und droht marginalisiert zu werden.

Die akademische Freiheit ist in der Art tangiert, als dass man als Forschender oder Lehrender einer Universität seine Denkrichtung eher an den Evaluationskriterien orientiert als an den eigentlichen fachlichen und persönlichen Interessen. Die Freiheit, seine Energien in eine beliebige Richtung innerhalb eines Fachgebietes zu lenken, wird durch die permanente Abwägung der Vor- und Nachteile einer solchen Richtung bezüglich der Wertigkeit im Evaluationskontinuum eingeschränkt. Ein solches Abwägen geschieht je nach Persönlichkeit des Akademikers mehr unbewusst als bewusst – dass dieser abwägende Gedankengang in den Köpfen existiert, kann jedoch als unbestreitbar angesehen werden. Neben der Beschäftigung mit wissenschaftlichen Fragestellungen ist der Akademiker heute gezwungen, sich auch mit Aspekten der Wirtschaftlichkeit, der Effizienz und Effektivität auseinander zu setzen. Jürgen Mittelstraß sieht darin eine für die Universität sehr bedrohliche Entwicklung: „Eine Universität, in der auch der wissenschaftliche Verstand Züge des wirtschaftlichen und des verwaltenden Verstandes annimmt, wäre das Ende der Universität" (Mittelstraß 1997: 60). Der Akademiker oder die Akademikerin, welche(r) in einer marktwirtschaftlich orientierten Universität arbeiten, bzw. der wissenschaftliche Verstand, kann sich jedoch nur schwer eine ‚Unschuld' gegenüber der wirtschaftlichen Rationalität bewahren. Arnd Morkel, der ehemalige Präsident der Universität Trier, sieht die Forschenden und Lehrenden an mehreren Fronten kämpfen und befürchtet, „dass man den Typus des Verkäufers, des Schlaumeiers oder Schaumschlägers wenn nicht heranzüchtet, so doch anlockt und begünstigt" (Morkel 1999: 415).

6. SCHLUSSBEMERKUNG

Die akademische Freiheit war schon in der Akademie Platons ein artnotwendiger Wesenbestandteil der Wissenschaft, der Suche nach dem Wissen des Guten. Wilhelm von Humboldt, der den entstehenden Kulturstaat als Bewahrer dieser Freiheit in die Pflicht nahm, war sich dabei mit Platon einig. Man kann dabei davon ausgehen, dass es eine vollkommene Freiheit der Wissenschaft nie gegeben hat, ebenso wie es in der Philosophie über die Freiheit des Menschen und seines freien Willen Spekulationen gibt. Auch wenn man dies eingesteht, bedeutet das nicht, die Wichtigkeit der Freiheit als *Ideal* zu schmälern. ‚Kunst und Wissenschaft, Forschung und Lehre sind frei' ist ein im Indikativ stehender Satz des deutschen Grundgesetzes. Die grundgesetzliche Garantie stellt die Sache jedoch nicht her, der Indikativ enthält lediglich die Forderung, dass die Freiheit bestehen soll. Der Kulturstaat ist angehalten, in einer freien Demokratie eben diesem Ideal gerecht zu werden, sich an ihm zu orientieren, die Forderung nach Freiheit lebendig zu halten. Die freie Suche nach dem Wissen des Guten an einem freien Ort sind unabdingbare Ideale der Wissenschaft. Der wissenschaftliche Verstand, welcher sich an diesem Ideal orientiert, fühlt sich ermutigt, in neue Richtungen zu denken, neue Perspektiven aufzuzeigen, gegen vorherrschende gesellschaftliche oder wissenschaftliche Trends zu verstoßen und so die Gesellschaft kritisch sowie konstruktiv mitzugestalten. Der Kulturstaat, dem es ein Anliegen sein sollte, durch eine freie Wissenschaft Orientierungswissen und neue Erkenntnisse für das Wohl der Allgemeinheit zu ermöglichen, muss immer nach dem ‚bildungspolitischen Imperativ' handeln und das sich ergebende strukturelle Dilemma staatlicher Hochschulpolitik im Auge behalten.

Die akademische Freiheit als Essenz der Universität gilt nicht nur in Deutschland, sie gilt global. Die Ausführungen zu ‚Academic Freedom' bestätigen dies für die U.S.A., die Bemühungen der UNESCO weisen auf die universelle Gültigkeit dieses Ideals hin. Humboldts Konzept der Lern- und Lehrfreiheit wurde in den U.S.A. hybridisiert, der Fokus liegt hier auf der forschenden Seite. Dies könnte man als weitere Destillation der Essenz im Einklang mit der von Humboldt als Forschung verstandenen Wissenschaft bezeichnen. Wie in Kapitel 3 ausgeführt, ist es darüber hinaus in den U.S.A. nicht der Staat, dem der Schutz der akademischen Freiheit obliegt – an seine Stelle trat 1915 die ,American Association of University Professors', um dieses Ideal hoch zu halten. Dies ist ein besonderer Beleg für die Relevanz der akademischen Freiheit für das Gelingen der Wissenschaft: In Abwesenheit eines starken Kulturstaates, der die Grundlage für das Ideal der akademischen Freiheit hätte bereiten können, bildete sich dieses Prinzip als Reaktion auf die universitätsfremden Einflüssen aus Wirtschaft und Gesellschaft ,eigenständig', wenn auch durch das deutsche Vorbild inspiriert, heraus.

Das alle Länder des Globus beeinflussende Phänomen der Globalisierung hat, wie in der Arbeit ausgeführt, einen indirekten Einfluss auf die akademische Freiheit. Wie in Kapitel 4 ausführlich dargelegt, führen sowohl Globalismus als auch Globalität zu einer verstärkten Ausrichtung der akademischen Leistungen an den Ansprüchen des globalen Bildungsmarktes sowie zu einer marktorientierten Universitätsführung.

Die theoretische Grundlage für diese Tendenz findet sich in den Ausführungen zum ,Decline of the Nation-State'. Bill Readings ,University of Excellence' nährt sich aus dem durch Globalismus in Bedrängnis gebrachten Nationalstaat, wodurch der Referenzpunkt ,Kultur' für die Universität immer schwieriger zu greifen wird. Leichter lässt sich mit der Referenz ,Exzellenz' umgehen, da sie als ideologieungebundenes Zielsystem auf dem durch Globalität entstehenden globalen Hochschulwettbewerb als vergleichende Währung gut einzusetzen ist. Die Universität erscheint nicht mehr als Teil einer spezifischen Kultur, sondern als Teil des globalen Hochschulmarktes, auf dem die Wettbewerber um wissenschaftliche Vorrangstellung konkurrieren. Dies wird nötig, um Alimentierung aus der Privatwirtschaft zur Unterstützung der finanziellen Ausstattung im Lichte geringer werdender staatlicher Zuschüsse zu generieren. Auch geht die Tendenz dahin, staatliche Zuschüsse an erfolgreiche, exzellente, Universitäten bevorzugt zu vergeben.

Die Inhalte der universitären Forschung geraten durch die Priorisierung der Exzellenz aus dem Blickfeld, nur das exzellente Ergebnis ist als Währung im globalen Vergleich gültig. Bedingt durch die ‚Triple-Helix' werden die Inhalte der Forschung mehr und mehr in Kooperation mit der Wirtschaft festgelegt. Die universitäre Forschung hat somit zwei miteinander verbundene Zielsysteme vor Augen: die schnelle ‚Produktion' von exzellenten Forschungsergebnissen, um am Hochschulmarkt zu bestehen, und die Ausrichtung der Forschung an den Bedürfnissen der Wirtschaft, um zusätzlich alimentiert zu werden.

Tendenziell entlassen die Nationalstaaten somit die Universitäten in eine institutionelle Autonomie, um diesen die Möglichkeit zu geben, den Erfordernissen der durch Globalität immer komplexer werdenden Anspruchsdimension gewachsen sein zu können. Eine ‚entfesselte Hochschule' kann zwar den komplexen Realitäten in einer globalisierten Welt mit einer entsprechenden Dynamik begegnen, die akademische Freiheit, die Autonomie der Wissenschaft, kann dadurch aber in eine neue Gefahr geraten. Mit dem Schlagwort ‚Freiheit für die Universität' ist somit nicht ‚Freiheit für die Wissenschaft' notwendig mitgemeint, das Gegenteil ist eher der Fall. Auch ist diese eben beschriebene Gefahr nicht wirklich neu, ruft man sich Humboldts Hochschulpolitik ins Gedächtnis. Indem er dem entstehenden Kulturstaat die Verantwortung für die akademische Freiheit an den Universitäten übertrug, schloss er damit die utilitaristischen Bildungsziele der Gesellschaft aus der Universität aus. Gibt der Kulturstaat die Verantwortung für die Universität in deren eigenen Hände, lädt er die utilitaristischen Ziele der heutigen Zeit in die vom Staat her autonome Universität ein, da sie sich an den Bedürfnissen des Bildungs- und Wirtschaftmarktes orientieren muss, um überleben zu können. Der Gestaltungsraum für eine freie Forschung und für die Suche nach dem ‚Wissen des Guten' wird dadurch geschmälert.

Folgende Tendenz sei somit als Ergebnis dieser Arbeit festgestellt: Die Freiheit, in alle Richtungen zu denken, um der Wahrheit näher zu kommen, wird von der Freiheit verdrängt, in alle Richtungen zu denken, um die Stellung der Universität im globalen

Hochschulmarkt zu festigen. Die Verantwortung der Freiheit scheint nicht mehr bei der Wahrheit, sondern bei der Anwendbarkeit zu liegen. Autonomie der Universität ist somit nicht gleichbedeutend mit Autonomie der Wissenschaft. Die akademische Freiheit scheint sich am Markt bewähren zu müssen.

Abschließend soll noch einmal Jürgen Mittelstraß bemüht werden: „Die Zukunft der Universität ist auch die Zukunft der modernen Welt – wenn wir, mit klugem Augenmaß zwischen dem Zeitgemäßen und dem Unzeitgemäßen unterscheidend und wählend, nur wollen" (Mittelstraß 1994: 29). In der vorliegenden Arbeit wurde gezeigt, dass mit dem ,Zeitgeist' Globalisierung negative Auswirkungen auf die Essenz der Universität, der akademischen Freiheit, einher zu gehen scheinen. Sie versteht sich daher als Beitrag zur Unterscheidung zwischen dem Zeitgemäßen und dem Unzeitgemäßen. Zeitgemäß ist sicherlich eine Anerkennung der positiven Aspekte des ,Mode 2' der Wissensproduktion und der Triple-Helix sowie der Vorteile, die die Möglichkeit der global vernetzen Wissensproduktion mit sich bringt. Auch soll sich die Universität dynamisch weiterentwickeln können, wozu eine gewisse institutionelle Autonomie nötig ist. Unzeitgemäß wäre es jedoch, diese wertvollen Neuerungen auf dem Rücken der alten Tradition der akademischen Freiheit, die sich seit Platon (also seit über zweitausend Jahren) als unabdingbarer Bestandteil der Wissensproduktion bewährt hat, auszutragen.

7. BIBLIOGRAPHIE

Altbach, Philip G. & Gumport, Patricia J. & Johnstone, D. Bruce. (Eds.). (⁹2001). *In Defense of American Higher Education*. Baltimore: Johns Hopkins University Press.

Ash, Mitchell G. (Ed.). (1999). *Mythos Humboldt. Vergangenheit und Zukunft der deutschen Universitäten*. Wien / Köln / Weimar: Böhlau.

Bach, Gerhard & Broeck, Sabine & Schulenberg, Ulf. (Eds.). (2003). *Americanization – globalization – education*. Heidelberg: Universitätsverlag Winter.

Beck, Ulrich. (³1997). *Was ist Globalisierung?* Frankfurt am Main: Suhrkamp.

Beck, Ulrich & Sznaider, Natan & Winter, Rainer. (Ed.). (2003). *Globales Amerika? Die kulturellen Folgen der Globalisierung*. Bielefeld: Transcript Verlag.

Bhabha, Homi K. (Ed.). (1990). *Nation and Narration*. London / New York: Routledge.

Birnbaum, Robert & Shushok, Frank Jr. (2001). "The ‚Crisis' Crisis in American Gigher Education: Is that a Wolf or a Pussycat at the Academy's Door?" In: Altbach, Philip G. & Gumport, Patricia J. & Johnstone, D. Bruce. (Eds.). (⁹2001). *In Defense of American Higher Education*. Baltimore: Johns Hopkins University Press. 59-84.

Breinig, Helmbrecht & Gebhardt, Jürgen & Ostendorf, Berndt. (Eds.). (2001). *Das deutsche und das amerikanische Hochschulsystem: Bildungskonzepte und Wissenschaftspolitik*. Münster: LIT Verlag.

Brockhaus, F. A. (^{17}1968). *Brockhaus Enzyklopädie in 20 Bänden, Band 5*. Wiesbaden: Brockhaus.

Brockhaus, F. A. (^{17}1969). *Brockhaus Enzyklopädie in 20 Bänden, Band 8*. Wiesbaden: Brockhaus.

Buell, Frederick. (1998). „Nationalist Postnationalism: Globalist Discourse in Contemporary American Culture." *American Quarterly* 50 (3), 548-591.

Buß, M. (2000). „Wissenschaftsfreiheit ade?" *Forschung & Lehre* (7/2000), 190-192.

Clark, Burton R. (1983). *The Higher Education System – Academic Organization in Cross-National Perspective*. Berkeley / Los Angeles / London: University of California Press.

Currie, Jan. (Ed.). (^{10}2003). *Globalizing practices and university responses: European and Anglo-American differences*. Westport, Conn.: Praeger.

Daxner, Michael. (1999). *Die blockierte Universität*. Frankfurt am Main / New York: Campus Verlag.

Donnerstag, Jürgen. (2003). „German Education between Americanization and Globalization." In: Bach, Gerhard & Broeck, Sabine & Schulenberg, Ulf. (Eds.). (2003). *Americanization – globalization – education*. Heidelberg: Universitätsverlag Winter, 69-82.

Edwards, Kenneth. (2004). „The University in Europe and the US." In: King, Roger. (Ed.). (2004). *The Universities in the Global Age*. New York: Palgrave Macmillan, 27-44.

Fallon, Daniel. (2001). „Die Differenzierung amerikanischer Hochschulen nach Funktion und Bildungsauftrag." In: Breinig, Helmbrecht & Gebhardt, Jürgen & Ostendorf, Berndt. (Eds.). (2001). *Das deutsche und das amerikanische Hochschulsystem: Bildungskonzepte und Wissenschaftspolitik.* Münster: LIT Verlag, 87-106.

Fichte, Johann Gottlieb. (1817). „Deduzierter Plan einer in Berlin zu errichtenden höheren Lehranstalt." In: Anrich, Ernst. (Ed.). (1964). *Die Idee der deutschen Universität: Die fünf Grundschriften aus der Zeit ihrer Neubegründung durch klassischen Idealismus und romantischen Realismus.* Darmstadt: Wissenschaftliche Buchgesellschaft, 125-218.

Friedman, Thomas L. (^{2}2000). *The Lexus and the olive tree.* New York: Anchor Books.

Garret, Geoffrey. (1998). „Partisan Politics in the Global Economy." In: Lechner, Frank J. & Boli, John. (Eds.). (^{2}2004). *The Globalization Reader.* Malden, MA: Blackwell, 231-239.

Gebhardt, Jürgen. (2001). „Einleitung: Jenseits von Humboldt – Amerika?" In: Breinig, Helmbrecht & Gebhardt, Jürgen & Ostendorf, Berndt. (Eds.). (2001). *Das deutsche und das amerikanische Hochschulsystem: Bildungskonzepte und Wissenschaftspolitik.* Münster: LIT Verlag, 1-22.

Glotz, Peter. (1996). *Im Kern verrottet?: Fünf vor zwölf an Deutschlands Universitäten.* Stuttgart: Deutsche Verlags-Anstalt.

Gumport, Patricia J. (2001). „Built to Serve: The Enduring Legacy of Public Higher Education." In: Altbach, Philip G. & Gumport, Patricia J. & Johnstone, D. Bruce. (Eds.). (^{9}2001). "In Defense of American Higher Education." Baltimore: Johns Hopkins University Press, 85-109.

Hahn, Karola. (2004). *Die Internationalisierung der deutschen Hochschulen – Kontext, Kernprozesse, Konzepte und Strategien.* Wiesbaden: VS Verlag für Sozialwissenschaften.

Hardt, Michael & Negri, Antonio. (2001). *Empire.* Cambridge (Mass.) / London: Harvard University Press.

Herbst, Jurgen. (1965). *The German Historical School in American Scholarship.*
A Study in the Transfer of Culture. Ithaca / New York: Cornell University Press.

Hoffacker, Werner. (2000). *Die Universität des 21. Jahrhunderts: Dienstleistungsunternehmen oder öffentliche Einrichtung?.* Neuwied / Kriftel: Luchterhand.

Hoffacker, Werner. (2001). „Reform oder Systemänderung. Zur Übertragung betriebswirtschaftlicher Steuerungskonzepte auf das Hochschulsystem." *Forschung & Lehre* (8/2001), 411-506.

Hoffmann, Dietrich & Neumann, Karl. (Eds.). (2003). *Ökonomisierung der Wissenschaft – Forschen, Lehren und Lernen nach den Regeln des »Marktes«.* Weinheim / Basel / Berlin: Beltz Verlag.

Hofstadter, Richard & Smith, Wilson (Eds.). ([2]1968a). *American Higher Education – A Documentary History.* Volume I. Chicago / London: University of Chicago Press.

Hofstadter, Richard & Smith, Wilson (Eds.). ([2]1968b). *American Higher Education – A Documentary History.* Volume II. Chicago / London: University of Chicago Press.

Hofstadter, Richard & Metzger, Walter. ([6]1969). *The Development of Academic Freedom in the United States.* New York: Columbia University Press.

Humboldt, Wilhelm von. (1810). „Über die innere und äußere Organisation der höheren wissenschaftlichen Anstalten in Berlin." In: Anrich, Ernst. (Ed.). (1964). *Die Idee der deutschen Universität: Die fünf Grundschriften aus der Zeit ihrer Neubegründung durch klassischen Idealismus und romantischen Realismus*. Darmstadt: Wissenschaftliche Buchgesellschaft, 375-386.

Jameson, Frederic. (1998). "Notes on Globalization as a Philosophical Issue." In: Jameson, Frederic & Miyoshi, Masao. (Eds.). (⁴2001). *The Cultures of Globalization*. Durham / London: Duke University Press, 54-77.

Kimmich, Dorothee & Thumfart, Alexander. (Eds.). (2004). *Universität ohne Zukunft?*. Frankfurt am Main: Suhrkamp.

King, Roger. (Ed.). (2004). *The Universities in the Global Age*. New York: Palgrave Macmillan.

Klein, Naomi. (²⁰2001). *No Logo*. London: Flamingo.

Krings, Hermann. (1966). *Über die akademische Freiheit. Saarbrücker Universitätsreden 2 (Festvortrag gehalten am 10. November 1965 anläßlich der feierlichen Eröffnung des Rektorjahres 1965/66)*. Saarbrücken: Universität des Saarlandes und Vereinigung der Freunde der Universität des Saarlandes e. V.

Lechner, Frank J. & Boli, John. (Eds.). (²2004). *The Globalization Reader*. Malden, MA: Blackwell.

Leydesdorff, Loet & Etzkowitz, Henry. (1998). „The Tripe Helix as a Model for Innovation Studies (Conference Report)." *Science & Public Policy* 25(3), 195-203.

Luhmann, Niklas. (²1971). *Soziologische Aufklärung*. Opladen: Westdt. Verlag.

Lundgreen, Peter. (1999). „Mythos Humboldt in der Gegenwart: Lehre – Forschung – Selbstverwaltung." In: Ash, Mitchel G. (Ed.). (1999). *Mythos Humboldt. Vergangenheit und Zukunft der deutschen Universitäten.* Wien / Köln / Weimar: Böhlau, 145-169.

Maak-Rheinländer, Kathrin. (2003). „Zum Sinn von Hochschul-Rankings in Deutschland." In: Hoffmann, Dietrich & Neumann, Karl. (Eds.). (2003). *Ökonomisierung der Wissenschaft – Forschen, Lehren und Lernen nach den Regeln des »Marktes«.* Weinheim / Basel / Berlin: Beltz Verlag, 161-176.

Marrou, Henri-Irénée. (1957). *Geschichte der Erziehung im klassischen Altertum.* Freiburg: Alber.

Mittelstraß, Jürgen. (1994). *Die Unzeitgemäße Universität.* Frankfurt am Main: Suhrkamp.

Mittelstraß, Jürgen. (Ed.). (1995). *Enzyklopädie Philosophie und Wissenschaftstheorie. Bd. 2 H-O.* (Korr. Nachdruck). Stuttgart / Weimar: Metzler.

Mittelstraß, Jürgen. (1997). "Universität und Effizienz." In: Hoebink, Hein. (Ed.). (1997). *Perspektiven für die Universität 2000 – Reformbestrebungen der Hochschulen um mehr Effizienz.* Neuwied / Kriftel / Berlin: Luchterhand, 47ff.

Miyoshi, Masao. (1998). "'Globalization', Culture, and the University." In: Jameson, Frederic & Miyoshi, Masao. (Eds.). (⁴2001). *The Cultures of Globalization.* Durham / London: Duke University Press, 247-272.

Morkel, Arnd. (1999). „An mehreren Fronten kämpfen." In: *Forschung & Lehre* (8/1999), 414ff.

Müller-Böling, Detlef. (2000). *Die entfesselte Hochschule.* Gütersloh: Verlag Bertelsmann Stiftung.

Neave, G. (1998). "The evaluative state reconsidered." *European Journal of Education* 33(3), 265-284.

Newman, Frank & Couturier, Lara & Scurry, Jamie. (2004). *The Future of Higher Education – Rethoric, Reality, and the Risks of the Market.* San Fransisco (CA): Jossey-Bass.

Readings, Bill. (²1997). *The University in Ruins.* Cambridge, Mass. / London: Harvard University Press.

Röhrs, Hermann. (1995). *Der Einfluss der klassischen deutschen Universitätsidee auf die Higher Education in Amerika.* Weinheim: Dt. Studien-Verlag.

Schelling, Friedrich Wilhelm Joseph. (1809). „Vorlesungen über die Methode des akademischen Studiums." In: Anrich, Ernst. (Ed.). (1964). *Die Idee der deutschen Universität: Die fünf Grundschriften aus der Zeit ihrer Neubegründung durch klassischen Idealismus und romantischen Realismus.* Darmstadt: Wissenschaftliche Buchgesellschaft, 1-124.

Schelsky, Helmut. (²1971). *Einsamkeit und Freiheit – 2., um einen »Nachtrag 1970« erweiterte Auflage.* Düsseldorf: Bertelsmann Universitätsverlag.

Schleiermacher, Friedrich. (1809). „Gelegentliche Gedanken über die Universitäten im deutschen Sinn." In: Anrich, Ernst. (Ed.). (1964). *Die Idee der deutschen Universität: Die fünf Grundschriften aus der Zeit ihrer Neubegründung durch klassischen Idealismus und romantischen Realismus.* Darmstadt: Wissenschaftliche Buchgesellschaft, 219-308.

Slaughter, S. & Leslie, L. (1997). *Academic Capitalism; Politics, Policies, and the Entrepreneurial University.* Baltimore: Johns Hopkins Press.

Spiewak, Martin. (2003a). „Humboldts Totengräber. Mit der Universität fällt Deutschlands beste Tradition – und Zukunft." *Die Zeit* (19/2003).

Spiewak, Martin. (2003b). "Freiheit auf Bewährung – Bundesforschungs-ministerin Edelgard Bulmahn fordert ein nationales Ranking" *Die Zeit* (28/2003).

Sporn, Barbara. (1999). *Adaptive University Structures – An Analysis of Adaptation to Socioeconomic Environments of US and European Universities.* London / Philadelphia: Jessica Kingsley Publications.

Steffens, Heinrich. (1809). „Über die Idee der Universitäten." In: Anrich, Ernst. (Ed.). (1964). *Die Idee der deutschen Universität: Die fünf Grundschriften aus der Zeit ihrer Neubegründung durch klassischen Idealismus und romantischen Realismus.* Darmstadt: Wissenschaftliche Buchgesellschaft, 309-374.

Stenzel, Julius. (1928). *Platon der Erzieher.* Leipzig: Meiner.

Strange, Susan. (1996). "The Declining Authority of States." In: Lechner, Frank J. & Boli, John. (Eds.). (²2004). *The Globalization Reader.* Malden, MA: Blackwell, 219-224.

Teusch, Ulrich. (2004). *Was ist Globalisierung? Ein Überblick.* Darmstadt: Primus Verlag.

Turk, James L. (2001). "Vor einer unfreundlichen Übernahme der Universitäten?" In: *UNESCO-Kurier* (11/2001), 16-18.

Veblen, Thorstein. (1918). *The Higher Learning in America, A Memorandum on the Conduct of Universities by Business Men.* New York: Hill and Wang.

Verger, Jaques. (2001). „Wie die akademische Freiheit entstand." In: *UNESCO-Kurier* (11/2001), 17.

Wagner, Bernd. (2001). "Kulturelle Globalisierung: Weltkultur, Glokalität und Hybridiserung. Einleitung." In: Wagner, Bernd. (Ed.). (2001). *Kulturelle Globalisierung – Zwischen Weltkultur und kultureller Fragmentierung.* Essen: Klartext-Verlag, 9-38.

Weber, Wolfgang E. J. (2002). *Geschichte der europäischen Universität.* Stuttgart: Kohlhammer.

Zabeck, Jürgen. (2003). "Das Ökonomische als Element einer Theorie der Universität." In: Hoffmann, Dietrich & Neumann, Karl. (Eds.). (2003). *Ökonomisierung der Wissenschaft – Forschen, Lehren und Lernen nach den Regeln des »Marktes«.* Weinheim / Basel / Berlin: Beltz Verlag, 43-60.

INTERNETSEITEN

AAUP. (2004a). „About AAUP." American Association of University Professors: Washington. (Letztes Update 09/2004). http://www.aaup.org/ aboutaaup/hist.HTM. (Gesehen am 02.12.2004).

AAUP. (2004b). "1940 Statement of Principles on Academic Freedom and Tenure with 1970 Interpretive Comments." American Association of University Professors: Washington. (Letztes Update 04/2004). http://www.aaup.org/statements/ Redbook/1940stat.htm#[2]. (Gesehen am 08.12.2004).

AAUP. (2004c). "Censured Administrations." American Association of University Professors: Washington. (Letztes Update 07/2004). http://www.aaup.org/ Com-a/Censure.htm. (Gesehen am 10.12.2004).

Rhoades, Gary. (1998). „Market Models, Managerial Institutions, and Managed Professionals." Center for International Higher Education: Boston. (kein Update Datum). http://www.bc.edu/bc_org/avp/soe/cihe/newsletter/ News13/text2.html. (Gesehen am 15.12.2004).

ELEKTRONISCHE VERÖFFENTLICHUNGEN

Allegre, Claude & Berlinguer, Luigi & Blackstone, Tessa & Rüttgers, Jürgen. (1998). "Sorbonne Joint Declaration – Joint declaration on harmonisation of the architecture of the European higher education system." (kein Verlag). (kein Update Datum). http://www.bologna-berlin2003.de/ pdf/Sorbonne_declaration.pdf. (Gesehen am 21.12.2004).

Bologna-Declaration. (1999). „The Bologna Declaration of 19 June 1999 – Joint declaration of the European Ministers of Education." (kein Verlag). (kein Update Datum). http://www.bologna-berlin2003.de/pdf /bologna_declaration.pdf. (Gesehen am 22.12.2004).

Bund-Länder-Kommission. (2004). "Beschluss der BLK vom 29.03.04 zu TOP 5." Bonn: Bund-Länder-Kommission für Bildungsplanung und Forschungsförderung. (kein Update Datum). http://www.bmbf.de/pub/ blk_beschluss.pdf. (Gesehen am 30.12.04).

Carnegie Foundation for the Advancement of Teaching. (2001). "The Carnegie Classification for Institutions of Higher Education – 2000 Edition". Menlo Park, CA: Carnegie Publications. (Letztes Update 29.10.2004). http://www.carnegiefoundation.org/ Classification/downloads/ 2000_Classification.pdf. (Gesehen am 10.12.2004).

Etzkowitz, Henry. (2002). „The Triple Helix of University-Industry-Government. Implications for Policy and Evaluation." Stockholm: Sister. (kein Update Datum). http://www.sister.nu/pdf/wp_11.pdf. (Gesehen am 07.01.05).